A Sociologia
de Anthony Giddens

Coleção Sociologia: Pontos de Referência

- *A sociologia como ciência*
  Raymond Boudon
- *A sociologia de Marx*
  Jean-Pierre Durand
- *A sociologia de Durkheim*
  Philippe Steiner
- *A sociologia de Erving Goffman*
  Jean Nizet e Natalie Rigaux
- *A sociologia de Anthony Giddens*
  Jean Nizet
- *A sociologia de Max Weber*
  Catherine Colliot-Thèléne

Dados Internacionais de Catalogação na Publicação (CIP)
(Câmara Brasileira do Livro, SP, Brasil)

Nizet, Jean
A sociologia de Anthony Giddens / Jean Nizet ; tradução de Francisco Morás. – Petrópolis, RJ : Vozes, 2016. – (Coleção Sociologia : Pontos de Referência)

Título original : La sociologie de Anthony Giddens
Bibliografia
ISBN 978-85-326-5305-5

1. Estruturalismo 2. Giddens, Anthony, 1938- – Crítica e interpretação I. Título. II. Série.

16-05200 CDD-301.092

Índices para catálogo sistemático:
1. Sociólogos : Crítica e interpretação 301.092

Jean Nizet

A Sociologia
de Anthony Giddens

Tradução de Francisco Morás

EDITORA
VOZES

Petrópolis

Título original em francês: *La sociologie de Anthony Giddens*

Direitos de publicação em língua portuguesa – Brasil:
2016, Editora Vozes Ltda.
Rua Frei Luís, 100
25689-900 Petrópolis, RJ
www.vozes.com.br
Brasil

Editoração: Flávia Peixoto
Diagramação: Sheilandre Desenv. Gráfico
Revisão gráfica: Fernando Sérgio Olivetti da Rocha
Capa: WM design

ISBN 978-85-326-5305-5 (Brasil)
ISBN 978-2-7071-5190-2 (França)

Editado conforme o novo acordo ortográfico.

Este livro foi composto e impresso pela Editora Vozes Ltda.

Agradecimentos

Agradecemos àqueles e àquelas que nos ajudaram a escrever esta obra, em particular Alain Eraly, Robert Franck, Paul Géradin, Natalie Rigaux, Johan Tirtiaux, Audrey Van Ouytsel, assim como três leitores anônimos solicitados pela Editora La Découverte.

Sumário

Introdução

Anthony Giddens nasceu em 1938 na periferia de Londres; seu pai era funcionário em uma companhia de transportes e sua mãe trabalhava no lar. Ele fez seus estudos na Universidade de Hull e na London School of Economics, onde elaborou uma tese sobre a história do esporte na Inglaterra no século XIX. Em seguida ele passou a lecionar na Universidade Leicester, onde trabalhou entre 1961 e 1969, período em que desenvolveu contatos com ambientes de pesquisa europeus e americanos. Assim, pouco tempo depois ele passou uma temporada de dois anos nos Estados Unidos, onde muito o impressionaram os movimentos sociais – movimentos pacifistas, feministas etc. – que à época lá se manifestavam. Ele igualmente passou vários meses na França e na Alemanha, onde conheceu as obras dos filósofos e dos sociólogos "continentais" – particularmente Marx, Weber e Foucault. Em 1985 foi nomeado professor no King's College de Cambridge e, em 1996, tornou-se diretor da London School of Economics. Paralelamente às suas atividades de pesquisador e professor, Giddens foi cofundador e depois diretor, em 1984, da Editora Polity Press, uma das mais renomadas no domínio das ciências humanas. A partir de meados da década de 1990 ele participou ativamente na concepção do projeto do partido trabalhista dirigido por Tony Blair e publicou várias obras no domínio da política.

Giddens ocupa um lugar à parte no campo da sociologia; ele constitui, como o observou um comentarista, um verdadeiro "fenômeno" [CRAIB, 1992, p. 1, 6-7][1]. E por diferentes razões. Primeiramente, sua produção científica é extremamente abundante: várias centenas de artigos e uns trinta e cinco livros, a maioria deles assinados somente por ele, outros sendo redigidos ou coordenados com outros autores. Essa produção, em segundo lugar, persegue objetivos muito ambiciosos. As primeiras obras entendem desenvolver uma crítica de conjunto à tradição sociológica – nenhum dos "clássicos" nem dos grandes autores contemporâneos encontram condescendência aos seus olhos –, em vista de revisar as suas bases. Outras obras pretendem construir uma teoria da Modernidade: um objeto extremamente amplo, já que ele designa as formas de organização social que surgiram na Europa do século XVII, para progressivamente estender-se em seguida a todo o planeta etc. Outra característica do "fenômeno" Giddens: ele exibe conhecimentos verdadeiramente enciclopédicos, não somente em sociologia, mas também em outras ciências humanas (história, geografia, filosofia, linguística etc.) e manifesta a vontade de romper as barreias entre as disciplinas. Enfim, sua audiência nos ambientes científicos é impressionante: dezenas de obras e de artigos

---

1. As referências entre colchetes reenviam às referências ao final da obra.

lhe são consagrados, emanando de pesquisadores vindos de países e de disciplinas muito variados.

Nas entrevistas concedidas a Christopher Pierson no final da década de 1990, Giddens afirma ter perseguido de maneira constante um mesmo projeto, desde o início de suas atividades de pesquisador. Ele compreende várias partes: "Eu queria, explica ele, lançar um olhar novo sobre os desenvolvimentos do pensamento sociológico clássico; desenvolver um quadro metodológico novo para as ciências sociais e analisar as características distintivas da Modernidade" [GIDDENS & PIERSON, 1998, p. 44-45][2]. Tais são efetivamente os temas que mobilizaram Giddens durante sua vida de pesquisador. Detalhemo-los um pouco.

O prefácio de sua primeira obra, *Capitalism and Modern Social Theory* [1971], debuta pela constatação de que "existe um largo sentimento, entre os sociólogos, que a Teoria Social necessita de uma revisão radical" [1971, p. viii]. Fortemente convencido disso, Giddens engaja debates críticos com os autores clássicos – essencialmente Émile Durkheim, Max Weber e Karl Marx – assim como com vários sociólogos, filósofos e linguistas que marcaram a história das ciências humanas no século XX: Talcott Parsons, Erving Goffman, Martin Heidegger, Ludwig Wittgenstein, Ferdinand de Saussure, Alfred Schutz etc. O que ele recrimina em seus antecessores? De ficarem enclausurados num dualismo que, no domínio da Teoria

---

2. Todas as traduções foram feitas por nós, exceto quando se trata de textos traduzidos em francês (cf. referências); nesse caso, retomamos sistematicamente a tradução existente. Todos os itálicos são introduzidos pelos autores que citamos.

Social, opõe a prioridade acordada ora aos atores, ora às estruturas. Algumas teorias, afirma Giddens, prestam contas dos fenômenos sociais em se referindo aos atores individuais; elas não permitem explicar que esses atores também são influenciados pelas estruturas. Outras teorias, ao contrário, dão prioridade às estruturas; elas são incapazes de explicar que os indivíduos são atores que refletem e que influenciam as estruturas. No final dos anos de 1970 e no início da década de 1980, Giddens tenta superar esse dualismo combinando os dois pontos de vista com a teoria por ele denominada "Teoria da Estruturação"; ela é exposta notadamente em uma de suas obras maiores: *La constituição de la société* [1984/2005].

Paralelamente a este trabalho de refundação da sociologia, que será apresentado no primeiro capítulo da presente obra, Giddens realiza igualmente, desde os anos de 1970-1980, pesquisas que comportam uma dimensão mais empírica. Ele tenta compreender o que faz a especificidade das sociedades modernas em relação às sociedades mais antigas. Ele insiste particularmente nas relações das classes que nelas se travam e na existência de um tipo particular de Estado, denominado por ele "Estado-nação". A obra *The Nation-State and Violence* [1985] é um dos principais resultados dessas pesquisas, das quais prestaremos contas nos capítulos II e III.

Em seus escritos dos anos de 1990, Giddens estreita seu ângulo de abordagem – de um ponto de vista histórico, ao menos – centrando-se na sociedade que progressivamente se formou nos países ocidentais a partir dos anos de 1960. Ela não é fundamentalmente diferente da sociedade moderna; no entanto, as influências que há três séculos se exerceram no seio da Modernidade se alastraram e se reforçaram, o que levou Giddens a designá-la pela expressão "Modernidade radical". Ele interessou-se principalmente pela maneira com a qual esta se traduz nas experiências cotidianas dos indivíduos, em particular nas relações que eles têm com o seu corpo (suas escolhas em termos de alimentação, de saúde etc.) e com as suas relações íntimas (relações de casal, de amizade etc.). Mais geralmente ele elabora uma teoria da "identidade pessoal" do indivíduo contemporâneo. Ele trata desses temas em várias obras, dentre as quais *Modernity and Self-Identity* [1991]. Também mostra que essas transformações sociológicas contemporâneas levam a fazer política diferentemente, o que o estimula a desenvolver propostas de ação no domínio da política nacional e internacional. Nós consagramos o capítulo IV a esses trabalhos que se referem à Modernidade radical e à política, antes de fazer, no capítulo V, um balanço crítico da obra. Os diferentes capítulos da obra podem, em certa medida, ser lidos independentemente uns dos outros, exceto o capítulo V, cuja compreensão pressupõe a leitura dos quatro primeiros.

Abordar os escritos de Giddens não é tarefa simples, principalmente pela amplitude da produção, pelo caráter frequentemente abstrato dos discursos, pelas redundâncias que se apresentam de uma obra a outra etc. Se os textos introdutórios existem na versão original inglesa [KASPERSEN, 1995/2000; GIDDENS & PIERSON, 1998 etc.], o mesmo não ocorre na versão francesa. Essa é a razão de ser do presente livro. Mais precisamente falando, gostaríamos de facilitar o acesso à obra de Giddens: 1) permitindo aos leitores orientar-se entre os inúmeros textos para neles encontrar os temas que correspondem a seus interesses intelectuais e/ou a seus temas de pesquisa; 2) explicando os principais conceitos e teorias desenvolvidos por Giddens; 3) permitindo desenvolver, em relação à sua obra, um olhar crítico. O leitor que deseja ir além da tomada de conhecimento crítico dos conceitos e teorias, e que almeja aprender a usar essas teorias e conceitos na análise das realidades sociais, poderá consultar o site www.sociolog.be Ali oferecemos diferentes materiais de pesquisa, bem como sua análise a partir dos conceitos propostos no quadro da presente obra.

I | Refundar a sociologia

Giddens entende revisar as bases da sociologia. O que ele encontra de insatisfatório nos escritos sociológicos de seus antecessores e quais são as críticas que lhes remete? (primeira seção). Como sua "Teoria da Estruturação" permite superar essas dificuldades? (segunda seção). Em que sentido essa teoria implica uma abordagem original da realidade social, denominada por Giddens de "dupla hermenêutica"? (terceira seção).

A crítica da tradição sociológica

As primeiras obras de Giddens, publicadas ao longo dos anos de 1970, consistem em grande parte numa releitura crítica dos clássicos da sociologia, bem como de sociólogos e filósofos contemporâneos. Esse exame crítico é guiado por duas preocupações. Por um lado, Giddens restitui e discute as *teorias* que esses autores propuseram em relação a diferentes objetos, tais como as classes sociais, o poder, o Estado, a Modernidade etc. Mostraremos largamente o estado dessas questões nos próximos capítulos. Por outro lado, ele se interroga sobre as *perspectivas* que esses autores adotam para analisar a realidade social:

Como podemos classificar essas perspectivas? São elas satisfatórias? Mais precisamente: Elas oferecem uma base adequada para analisar a sociedade moderna? É essa avaliação que retomamos aqui, da forma como ela é apresentada principalmente nas seguintes obras: *New Rules of Sociological Method* [1976], *Studies in Social and Political Theory* [1977], *Central Problems in Social Theory* [1979] e *Profiles and Critical in Social Theory* [1982].

Giddens classifica os autores que ele estuda segundo quatro grandes correntes: o funcionalismo, o estruturalismo, as sociologias interpretativas e o marxismo.

O funcionalismo

À época das primeiras obras de Giddens, o funcionalismo é a corrente dominante da sociologia anglo-saxônica, com figuras como Talcott Parsons (1902-1979) ou ainda Robert Merton (1910-2003). Giddens não pode deixar de confrontar-se com essa corrente.

O funcionalismo remonta a Augusto Comte (1798-1857), mas foi principalmente Émile Durkheim (1858-1917) que lançou as bases da perspectiva funcionalista em sociologia. Giddens mostra-se bastante crítico em relação a essa corrente teórica. Ele opõe-se em particular à tese desenvolvida em alguns escritos de Durkheim, segundo os quais a sociedade é uma realidade de outra ordem que a dos indivíduos que a constituem, uma realidade que faz pesar sobre eles um conjunto de coerções. Ele cita a esse propósito a passagem célebre de Durkheim na obra *Les règles de la méthode sociologique* [1895/1967, p. XVII] onde afirma que a coerção constitui um "caráter intrínseco" dos fatos sociais. Giddens sustenta a tese de que as estruturas sociais tornam possíveis as ações individuais tanto quanto as constrangem, que elas são tão "habilitadoras" quanto "constrangedoras", tese que ele encontra em outros textos do sociólogo francês. Ele ilustra essa ideia com o exemplo da língua: esta constrange o pensamento e a ação dos que a utilizam, mas, ao mesmo tempo, ela permite o desenvolvimento das capacidades cognitivas e práticas dos indivíduos [*CS*, p. 228].

Durkheim empresta do filósofo inglês Herbert Spencer (1820-1903) a metáfora do organismo biológico; ele considera que os fenômenos sociais, à semelhança dos órgãos do corpo humano, preenchem funções que contribuem na reprodução da sociedade. Ele adota esse raciocínio notadamente na obra *La division du travail social* (1893/2004), na qual mostra que a divisão do trabalho tem por função garantir a integração social. Segundo Giddens, não podemos atribuir à noção de função um poder explicativo qualquer; esse suporia atribuir à sociedade "necessidades" ou "objetivos" etc. Uma posição dessas seria propriamente inaceitável: "Os sistemas sociais, afirma ele, de forma alguma possuem objetivos, razões ou necessidades; somente os indivíduos humanos os têm. *Toda explicação da reprodução social que imputa uma teleologia aos sistemas sociais deve ser declarada inválida*" [*CPST*, p. 71]. O raciocínio que se apoia na noção de função tem, além disso, a desvantagem de excluir a história; trata-se de um modo de pensamento estritamente sincrônico que não leva em consideração as ações dos indivíduos enquanto inscritas na duração do tempo.

Giddens faz recriminações similares a outros sociólogos mais contemporâneos, ou que fazem uso de tais noções, como Parsons, Merton, ou ainda os sociólogos alemães Niklas Luhmann (1927-1998) e Jürgen Habermas (nascido em 1929). Assim, ele lamenta que Habermas, em razão de sua adoção do pensamento funcionalista, tenha uma concepção demasiadamente estreita do poder e subestime o papel dos indivíduos e dos grupos no desenrolar da história [*DS*, p. 196].

O estruturalismo

Giddens trata aqui da corrente de pesquisa cuja origem se encontra na obra do linguista suíço Ferdinand de Saussure (1857-1913), que foi seguido no domínio das ciências sociais por autores como o antropólogo Claude Lévi-Strauss (nascido em 1908), os filósofos Jacques Derrida (1930-2004) e Michel Foucault (1926-1984) etc. Ocupar-nos-emos aqui na evocação das teses de Saussure e na apresentação das críticas formuladas por Giddens.

Em seu *Cours de Linguistique Générale* [1916], Saussure opõe-se aos linguistas de seu tempo, sobretudo os que consideram que a linguagem é constituída de palavras que podem ser analisadas separadamente. Segundo Saussure, o elemento importante é o caráter estruturado da língua. Ele distingue assim, por um lado, a *língua* enquanto sistema de sinais e, por outro, a *palavra*, ou seja, o uso que um indivíduo faz da língua enquanto a exprime. Giddens observa que a distinção língua/palavra está ligada a outras oposições, notadamente social/individual e sincrônico/diacrônico. A língua, segundo Saussure, é efetivamente uma instituição social e, nesse sentido, ela foge da influência que poderia exercer sobre ela o indivíduo que a utiliza; inversamente, este reproduz as formas preexistentes que ela contém. Por outro lado, a língua só pode ser apreendida através de uma análise sincrônica, ao passo que o estudo da diacronia nos convida antes a situar-nos no patamar da palavra.

Giddens vê na perspectiva estruturalista, e, em particular, nos aportes de Saussure, avanços em relação ao funcionalismo. Ele estima notadamente que essa concepção da noção de estrutura apresenta um interesse ausente na concepção funcionalista. Nessa última corrente, à imagem do esqueleto de um organismo ou do arcabouço de um edifício, a estrutura é vista como uma realidade com existência própria, exterior à ação humana, e que exerce efeitos coercitivos sobre esta. O funcionalismo mantém assim um dualismo estrito entre o sujeito individual e o todo social. No estruturalismo, em contrapartida, a noção de estrutura é de natureza virtual; ela é associada a regras profundas que não têm existência independente da ação humana e que é necessário inferir a partir da observação desta; nesse sentido, ela oferece uma possibilidade de superar o dualismo entre o indivíduo e a sociedade.

Mas Giddens também faz críticas. Ele censura Saussure, dentre outras coisas, de não articular suficientemente as duas realidades que são a língua e a palavra: "Saussure não mostra como se opera a mediação entre, por um lado, o caráter sistemático, não contingente e social da *língua* e, por outro, o caráter específico, contingente e individual da *palavra* [*CPST*, p. 17]. Essa articulação só pode operar-se quando se consegue mostrar como o indivíduo, influenciado pelo sistema da língua, também contribui para o aperfeiçoamento desse sistema. Consequentemente, a oposição entre a sincronia e a diacronia se interrompe: a maneira com a qual a língua se reproduz é igualmente o processo pelo qual ela vai se modificando. E, por extensão, para além da língua, isso vale para os outros sistemas sociais: os processos pelos quais eles se reproduzem e, portanto, existem como sistemas, são também aqueles pelos quais eles se modificam.

Em resumo, nem o estruturalismo nem o funcionalismo se revelam "aptos a tratar da vida social como sendo produzida por sujeitos ativos" [*NRSM*, p. 127].

As sociologias interpretativas

Ao longo dos anos de 1970 opera-se, tanto na Europa quanto nos Estados Unidos, uma (re)escalada de correntes de pensamento muito diferentes das que acabamos de analisar. Giddens insiste no lugar mais importante que elas acordam ao indivíduo ativo e reflexivo e no acento que elas põem na compreensão, na interpretação das condutas humanas, antes que sobre as tentativas de explicação inspiradas nas ciências da natureza. Ele designa essas correntes teóricas pela expressão "sociologias interpretativas" ou "sociologias da ação". À origem dessas teorias encontram-se diversas tradições intelectuais: a fenomenologia de Edmund Husserl (1859-1920), a tradição hermenêutica que remonta a Max Weber (1864-1920) ou além dele, ou ainda a filosofia da linguagem de Ludwig Wittgenstein (1889-1951) e de John Austin (1911-1960).

Giddens sublinha o interesse dessas antecipações das sociologias interpretativas, entretanto estima que elas não resolvem inteiramente os problemas identificados nas análises das duas primeiras correntes. Ele engaja, pois, uma discussão crítica com várias dessas teorias, em particular com a filosofia existencial de Alfred Schutz (1899-1959), com a etnometodologia de Harold Garfinkel (nascido em 1917), assim como com o interacionismo simbólico de George Herbert Mead (1863-1931), Herbert Blumer (1900-1987) e Erving Goffman (1922-1982). Comecemos por essa última corrente.

O interacionismo simbólico encontra sua origem na obra do psicólogo americano George Herbert Mead. Na coletânea de textos publicados depois de sua morte, *L'Esprit, le soi et la société* [1934-2006], encontra-se a ideia segundo a qual o indivíduo desenvolve sua identidade adotando o ponto de vista dos outros por ocasião das interações que ele estabelece com eles. Mais precisamente: Mead mostra como a criança aprende, através do jogo, a adotar diferentes funções. E, enquanto amadurece, ela vai se dando conta das regras do jogo; assim ela compreende que deve adotar determinadas normas de comportamento para ser aceita como jogador. Mead fala de "outrem generalizado" (*generalized other*) para designar as normas que existem no grupo social, às quais os indivíduos ajustam seus comportamentos e por intermédio das quais constroem sua identidade.

Giddens sublinha o interesse dessa tese, mas critica Mead por insistir demasiadamente na maneira com a qual a identidade individual é *determinada* socialmente, e por ele insistir insuficientemente na maneira com a qual, no processo de construção de si, o indivíduo *constrói* o social. Por consequência, sublinha Giddens, falta junto a Mead, assim como junto à maioria dos defensores do interacionismo simbólico, uma teoria da constituição das instituições e de suas transformações.

Centrando-se nos indivíduos, mas negligenciando as instituições, o interacionismo simbólico vem de alguma forma a preencher as lacunas do funcionalismo que, ao contrário, centrando-se nas instituições, mas negligenciando o indivíduo, preenche as lacunas do interacionismo simbólico. Assim, nos anos de 1960 e de 1970, opera-se uma espécie de divisão do trabalho no quadro da sociologia americana: o interacionismo simbólico assume o estudo das relações interindividuais, ou seja, as questões "microssociológicas", ao passo que o funcionalismo se ocupa das instituições sociais, isto é, das questões "macrossociológicas".

O marxismo

A quarta corrente é constituída das obras de Marx e das obras dos filósofos e sociólogos que recorrem ao seu pensamento.

Giddens considera os escritos de Marx ambivalentes do ponto de vista das perspectivas às quais eles se referem. As primeiras obras de Marx contêm passagens que insistem no papel dos atores individuais, uma vez que se trata de explicar a vida social e sua evolução. É o caso da afirmação de Marx no *Le dix-huit brumaire de Louis Bonaparte*, segundo a qual "os homens fazem sua própria história, mas não a fazem por seu próprio movimento, nem nas condições escolhidas por eles apenas" [MARX, 1852/1984, p. 69; retomado em *CS*, p. 32]. Giddens comenta também a concepção da *praxis* desenvolvida pelo teórico alemão em suas *Thèses sur Feuerbach* [1881/1972], segundo as quais os humanos se transformam a si mesmos ao transformar o mundo ao seu redor. Essas teses indicam que "a capacidade de transformação da ação humana é colocada em primeiro plano por Marx" [*NRSM*, p. 117].

Tais ideias teriam servido de base para uma síntese das duas grandes tendências que caracterizam a reflexão sociológica: a importância acordada aos atores *versus* a atribuída às estruturas sociais. Infelizmente, Marx não desenvolveu essas teses nos trabalhos ulteriores. Contrariamente, a sequência de sua obra versa essencialmente sobre os modos de produção; ora, aqui, a abordagem a partir das estruturas assume a precedência sobre a que se refere aos atores. Dessa forma Marx explica a mudança das sociedades pela tese da expansão das forças produtivas: uma abordagem que Giddens chama de "evolucionista", à medida que ela assemelha implicitamente a sociedade a um organismo biológico que "contém em si mesmo uma trajetória de crescimento, um autodesdobramento de possibilidades latentes" [*CS*, p. 289]. Essa mesma primazia acordada às estruturas a encontramos na análise que Marx propõe da sociedade capitalista, em particular em sua tese segundo a qual, nessa sociedade, os trabalhadores devem vender sua força de trabalho aos capitalistas. Essa tese, segundo Giddens, "exprime uma coerção que deriva da ordem institucional da empresa capitalista moderna à qual o trabalhador deve fazer frente" [*CS*, p. 235].

Essa ambivalência nos escritos de Marx encontra-se nos autores ulteriores que se referem ao seu pensamento. Por um lado, alguns filósofos marxistas se situam na perspectiva segundo a qual são os sujeitos conscientes e ativos que fazem a história. É o caso do filósofo húngaro Georg Lukács (1885-1971). Contrariamente, outros autores adotam a tese que os indivíduos são determinados pelas estruturas econômicas e pelas leis da história. É o caso do filósofo francês Louis Althusser (1918-1990), para quem os atores individuais são apenas suportes das relações que caracterizam as formações sociais, essas formações sendo determinadas "em última instância" pelas estruturas econômicas.

A dívida de Giddens em relação aos clássicos... e *vice-versa*

O crítico Gianfranco Poggi estima que, se Giddens deve muito aos autores clássicos, estes também lhe são devedores.

"Giddens deve muito aos clássicos [...]; primeiramente [...] num sentido que poderíamos denominar biobibliográfico [...]. Seu ensaio de 1970 sobre "Marx, Weber e o desenvolvimento do capitalismo", *Capitalism and Modern Social Theory* [...], teve um sucesso espetacular e durável no mundo inteiro. Ele fez de Giddens uma figura de renome na sociologia e levou um grande público – professores, pesquisadores, estudantes de ponta – a prestar uma atenção respeitosa à sua obra ulterior [em particular às] primeiras obras nas quais Giddens começa a voar com as próprias asas e a elaborar sua Teoria da Estruturação [...].

Mas Giddens não se contenta em informar-se a propósito dos conteúdos das teorias dos clássicos, em compilá-las, em expô-las, em compará-las, em contrastá-las. Ele as utiliza como uma fonte inigualável de chaves de compreensão [...] da natureza das sociedades no quadro das quais elas foram produzidas. Ele as utiliza também [...] como materiais sobre os quais busca apoiar-se para construir uma teoria social de nossa sociedade [...].

Mas falar, como o fiz, da 'frequentação dos clássicos'

por Giddens pode ser enganador. O que, o mais frequentemente, se produziu, foi uma *confrontação* com eles.

Giddens tem, portanto, muitas dívidas para com os clássicos. Ele tratou seus escritos como "ombros gigantes", em três sentidos: os utilizou como um apoio sobre o qual se elevou para posteriormente construir a partir de suas próprias forças; ele tornou-se visível ao endereçar-se ao próprio público dos clássicos a partir da posição elevada que lhe dava sua compreensão refinada de seus escritos; enfim, é a partir dessa mesma posição que ele tentou ver para além do horizonte em que esses escritos se inscreviam, para perceber objetos [...] – as sociedades avançadas da metade e do final do século XX – que esses escritos não podiam pura e simplesmente vislumbrar.

Mas Giddens também tornou os clássicos seus devedores. Sua frequentação e/ou confrontação fez-se a partir de uma base de escritos muito ampla e muito sólida, e foi facilitada por sua familiaridade com o alemão e o francês [...]. Assim as interpretações (ou más interpretações) [...] devidas a outros comentaristas menos equipados de um ponto de vista linguístico puderam ser confirmadas, melhoradas ou refutadas. A essa capacidade de discernir, de interpretar e de dominar uma grande quantidade de escritos importantes [...], Giddens acrescenta uma facilidade invejável de resumi-los, de organizá-los e expô-los com muita clareza.

Tenho o sentimento de que o estatuto incontestado que Karl, Émile e Max parecem possuir hoje é em grande parte o resultado do sucesso dessas obras de Giddens; isso indica a dívida dos clássicos em seus confrontos."

Fonte: Poggi, 1990, p. 11-13.

A Teoria da Estruturação

Giddens concluiu seu exame da tradição sociológica sublinhando a existência de duas perspectivas: a primeira, o objetivismo, que coloca o acento sobre a sociedade; a segunda, o subjetivismo, que coloca o acento sobre o indivíduo. "Por objetivismo, designo essa maneira de conceber a Teoria Social segundo a qual o objeto social (a "sociedade") tem de alguma forma a prioridade sobre o ator individual e na qual as instituições sociais são tidas por foco central da análise sociológica. Quanto ao subjetivismo, ele designa o ponto de vista oposto: o ator humano é aí considerado o foco principal da análise sociológica; em outros termos, a preocupação maior das ciências sociais diz respeito ao ator intencional e refletido" [*STMS*, p. 59]. Essas duas perspectivas são antagonistas, incompatíveis; elas se apresentam como dois imperialismos: o "imperialismo do objeto social" e o "imperialismo do sujeito" [*CS*, p. 50]. Entretanto, ambas se revelam insuficientes: o objetivismo não presta contas do fato de que os indivíduos são atores que refletem e que exercem uma influência sobre as estruturas; quanto ao subjetivismo, ele não permite explicar em que as estruturas criam as condições da ação e a influenciam.

Figura 1 O dualismo objetivismo/subjetivismo

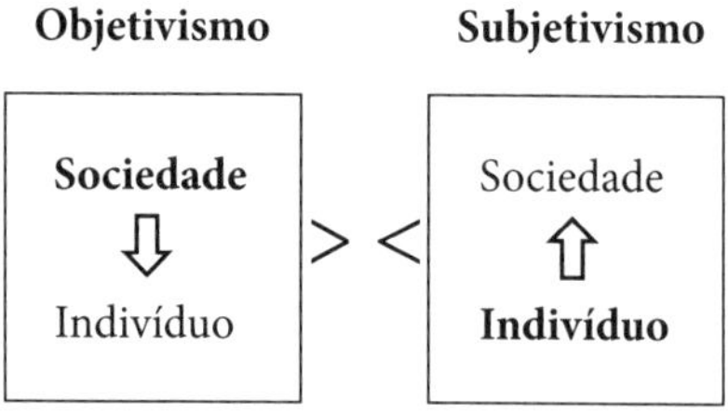

Giddens pretende superar esse dualismo. Ele busca resolver a tensão entre o objeto social e a subjetividade individual, considerando-os dois polos complementares ou, para retomar a expressão de Craib [1992, p. 3], como duas faces de uma mesma moeda. Isso implica para ele um reexame aprofundado de noções como as de "ator", de "sistema social", de "prática social", ou ainda de "estrutura". Esse exame dá origem à Teoria da Estruturação, à qual Giddens consagra várias obras. É na obra *La constitution de la société* [1984/2005], um de seus textos maiores, mas também um dos mais abstratos e mais difíceis, que ele nos apresenta seus pontos de vista mais detalhados sobre a questão. A exposição que segue apoia-se largamente nessa obra monumental.

Pela figura 2, representamos as principais noções que intervêm na Teoria da Estruturação e a maneira com a qual elas se articulam.

Figura 2 O processo de estruturação

As práticas sociais

Como o indica o termo "estruturação", Giddens não se interessa prioritariamente por entidades estáticas – como poderiam sê-lo o ator individual ou a sociedade –, mas por um processo dinâmico, representado na figura 2 pelas flechas semicirculares. O social é apreendido como um movimento no qual as ações individuais simultaneamente estruturam os sistemas sociais e são por eles estruturadas.

Esse processo não tem um ponto de partida identificável; nenhum dos dois polos precede o outro.

Giddens fala de "práticas sociais" (*social practices*) para designar o processo de estruturação; as duas expressões são de fato quase sinônimas. As práticas sociais não têm nada a ver com os comportamentos pontuais que poderíamos isolar arbitrariamente observando os indivíduos: trata-se de atividades "contínuas" ou "recorrentes", ou ainda de "ondas de ações" [*CAG*, p. 76; *CS*, p. 50-52]; elas constituem os "'pontos de articulação' entre os atores e as estruturas" [*CPST*, p. 117]. São essas práticas sociais recorrentes, religando o ator e o sistema social, que formam o objeto central da sociologia.

Os sistemas sociais e o estrutural

A análise das práticas sociais, ou ainda do processo de estruturação, faz intervir várias noções teóricas. Em particular, o esquema indica dois conceitos que Giddens distingue de maneira clara: de um lado, o que ele denomina "sistemas sociais" (*social systems*) e, de outro, o que ele chama de "estrutura", um termo que Michel Audet, em sua tradução francesa da obra *La constitution de la société*, propõe denominar o "estrutural". Qual é a significação exata dessas duas noções?

Em sua crítica ao funcionalismo, Giddens sublinhava que a noção de estrutura foi frequentemente associada a imagens que permitem visualizá-la facilmente, como o arcabouço de um edifício ou o esqueleto de um corpo. Giddens não abandona inteiramente essa maneira de ver, presente em sua noção de *sistema social*. Um sistema social é efetivamente um conjunto de interações situadas no tempo e no espaço. Pode-se distinguir várias categorias de sistemas sociais: as *organizações*, que são sistemas de tamanho relativamente importante e que apresentam um alto grau de coordenação; os *grupos*, sistemas menores e geralmente mais efêmeros; os *movimentos sociais*, sistemas que visam a transformações de algumas componentes da ordem que prevalece numa sociedade etc. As *sociedades* podem igualmente ser consideradas sistemas mais amplos, que englobam as outras formas que acabamos de apresentar [GIDDENS, 1990, p. 302-303].

Um exemplo de processo de estruturação: as eleições (1)

O exemplo das eleições, ao qual Giddens faz brevemente alusão [1989, p. 255-256], pode ajudar-nos a ilustrar essas primeiras noções.

Tomemos mais precisamente o caso das eleições municipais, ou comunais, num país da Europa Ocidental. Sua análise a partir dos princípios da Teoria da Estruturação não poderia centrar-se unicamente no comportamento de voto (a partir, p. ex., de estatísticas relativas à participação eleitoral, ou à repartição dos votos entre as diversas listas etc.), como o podem fazê-lo alguns comentaristas políticos. Ela deveria levar em conta o fato de que o voto é associado a múltiplos outros comportamentos, a maior parte deles contínuos, recorrentes. Assim, para nos limitarmos aos comportamentos dos eleitores, não deveríamos isolar o voto de outras ações, como o fato de informar-se (ou não) sobre a política lendo jornais e vendo as propagandas eleitorais, assistindo os debates na televisão, discutindo com os vizinhos, encontrando-se, se for o caso, com os candidatos por ocasião de comícios ou festas etc.

Essa mesma análise deveria prestar atenção principalmente ao duplo movimento pelo qual as ações individuais estruturam os sistemas sociais e são por eles estruturadas.

Assim, tratar-se-ia de mostrar que o sistema eleitoral, enquanto sistema social, resulta de uma infinidade de ações refletidas, encabeçadas por diferentes atores. As ações dos cidadãos, mas também as dos responsáveis pelas eleições em nível local, que preparam os locais, as cabines de voto e as urnas, que recebem os eleitores, que lhes oferecem explicações sobre os procedimentos etc. Da mesma forma, as ações realizadas pelos candidatos no seio dos partidos: explicação dos programas, reuniões eleitorais, obtenção de financiamentos, divulgação e propaganda etc. Ou ainda as ações lideradas por parlamentares, por membros de determinados grupos de pressão, em vista de modificar a lei que fixa as modalidades das eleições (impondo um percentual de repartição entre candidatos dos dois sexos, ou modificando o sistema de contabilização de votos dentro das listas). Na perspectiva da Teoria da Estruturação, é a partir dessas múltiplas ações que o sistema eleitoral se produz e se reproduz permanentemente.

Ao mesmo tempo, essas ações elas mesmas são estruturadas pelo sistema eleitoral. Mais precisamente: os atores colocam em prática, agindo, um conjunto de orientações – mais abaixo falaremos de *regras* e de *recursos* – que lhes são fornecidas pelo sistema. Umas são de caráter formal: apresentar sua carteira de identidade, seu título e sua convocação eleitoral, no caso de um eleitor; fazer respeitar os procedimentos da apuração dos votos, no caso de um presidente de mesa; respeitar a legislação relativa ao financiamento dos partidos, no caso de um candidato etc. Outras orientações são de caráter mais tácito, como as que regem o comportamento dos responsáveis das cabines de voto ao acolher os cidadãos, ou as que presidem os debates pré-eleitorais entre os candidatos, ou ainda as que concernem à existência de acordos pré-eleitorais etc.

O conceito *estrutural* é mais abstrato. Para elaborá-lo, Giddens se inspira notadamente na noção de estrutura tal como ela é usada por Saussure. O estrutural está "fora do tempo e do espaço" [*CS*, p. 74]; ele está mais no interior do que no exterior das ações; ele não faz parte de uma observação direta, mas constitui "um código profundo que infere a partir de suas manifestações superficiais" [*CS*, p. 65]. Mais precisamente ainda: o estrutural "existe [...] sob a forma de traços mnésicos graças aos quais os agentes competentes orientam suas condutas" [*CS*, p. 66].

Voltemos à figura 2. Suas duas flechas semicirculares representam o que Giddens denomina "dualidade do estrutural", uma dualidade pela qual ele entende superar o dualismo objetivismo/subjetivismo. O estrutural intervém efetivamente de duas maneiras no processo circular das práticas sociais. Em primeiro lugar, ele constrange o ator (flecha virada para baixo) e de alguma forma insere as práticas sociais num conjunto de regras. Em segundo lugar, o estrutural permite ao ator agir (flecha virada para cima), permitindo-lhe recursos através dos quais ele produz e reproduz os sistemas sociais. O estrutural é, portanto, "ao mesmo tempo coercitivo e habilitador"; ele é feito de *regras* e de *recursos* que o ator utiliza na produção e na reprodução da vida social. A noção de regra é tomada do filósofo da linguagem Wittgenstein. Ela deve ser compreendida num sentido amplo, como um conjunto de procedimentos inscritos na consciência prática do ator, que ele operacionaliza em suas ações. Quanto à noção de recurso, ela é estreitamente ligada à de poder (cf. infra) e se refere à capacidade transformadora do ator.

Assim, graças à hipótese da dualidade estrutural, Giddens sente-se no direito de afirmar que "a constituição dos agentes e a das estruturas [seria mais correto falar aqui de sistemas sociais] não são dois fenômenos independentes, um dualismo: trata-se, antes, de uma dualidade. Segundo a dualidade do estrutural, as propriedades estruturais dos sistemas sociais são ao mesmo tempo o *médium* e o resultado das práticas que elas organizam de forma recursiva" [*CS*, p. 74-75].

Um exemplo de processo de estruturação: as eleições (2)

Retomemos o exemplo das eleições. Podemos falar de *processo social* para designar as múltiplas interações entre os candidatos, os eleitores, a administração pública encarregada da organização das eleições, a imprensa que acompanha os acontecimentos etc. Essas interações são situadas no tempo (as eleições acontecem em intervalos mais ou menos regulares; elas supõem uma organização no tempo: envio das convocações, faixas horárias previstas para os votos, para o escrutínio, tempo hábil para a negociação das novas coalizões etc.) e no espaço (as urnas são repartidas segundo as diferentes entidades político-geográficas do país; as apurações dos votos são realizadas nos locais cujo acesso é estritamente regulamentado etc.).

Quanto ao *estrutural*, podemos analisá-lo examinando as orientações das condutas dos atores (cf. box precedente), em particular as regras às quais estes se referem e os recursos que eles colocam em prática.

O ator: poder e reflexividade

Outra noção que intervém no processo de estruturação é a de ator (*agent*). Giddens lhe consagra vários capítulos na obra *La constitution de la société*.

O ator se caracteriza fundamentalmente pelo exercício do *poder*. Ser ator consiste, acima de tudo, em operacionalizar uma "capacidade de realizar tarefas" (*CS*, p. 345), em particular a de influenciar os comportamentos de outros atores, mas também a de transformar as circunstâncias, os contextos nos quais ocorrem as interações.

O ator também se define pela *reflexividade*. No exercício do poder, o ator percebe, compreende as condições nas quais age; ele se atribui objetivos, intenções em função das quais orienta suas condutas; ele espera dos atores com os quais interage que façam o mesmo e pressupõe que eles interajam da forma como ele a deseja. Em suma, o ator se caracteriza fundamentalmente pelo controle reflexivo exercido sobre suas condutas.

Essa reflexividadc pode assumir duas formas. Ela se manifesta primeiramente na capacidade dos atores de falar daquilo que fazem, e particularmente de explicitar as razões que comandam suas ações: é a *consciência discursiva*. Mas Giddens insiste, sobretudo, naquilo que ele denomina *consciência prática*: a reflexividade que se revela em tudo aquilo que os atores fazem, sem poder falar desse fazer. Giddens estima que grande parte do saber posto em prática nas ações humanas não acede à palavra. Assim, quando nos exprimimos pela linguagem, efetivamente colocamos em prática um grande número de competências difíceis de descrever de maneira detalhada; o mesmo vale para a maioria de nossas ações. Giddens conclui que "toda análise da atividade social que ignora a consciência prática é fundamentalmente deficiente" [*STMS*, p. 63].

Reflexividade, de um lado, e poder, de outro, constituem as duas características maiores do ator, que Giddens designa igualmente pelos termos "competência" (*knowledgeability*) e "capacidade" (*capability*). Podemos estabelecer um paralelo entre essas duas distinções e aquilo que dissemos acima sobre a dualidade do estrutural através de uma simples tabela.

Tabela 1 Características do ator e dualidade do estrutural

Características do ator	Reflexividade / Poder Competência / Capacidade
Dualidade do estrutural	Regras / Recursos Coercitivo / Habilitador

Continuemos com a questão da reflexividade dos atores, sublinhando que ela está longe de ser absoluta. Uma primeira limitação refere-se ao fato de que as ações podem ter consequências não pretendidas, não intencionadas. Por exemplo: uma forma de segregação étnica pode se desenvolver numa cidade pelo simples fato de que os habitantes escolhem viver em bairros onde a etnia à qual pertencem é majoritária. O resultado das múltiplas escolhas individuais – que alguns denominam "efeito de composição" – não é intencional; ela foge ao controle reflexivo dos atores. Ora, essas consequências não intencionais têm sua importância: em particular, elas podem influenciar as condições nas quais se encontrarão posteriormente os atores e, através disso, influenciar seus comportamentos futuros.

Em segundo lugar, o controle reflexivo sobre as condutas é limitado pelos motivos inconscientes que comandam, em parte, as ações cotidianas. Giddens adota aqui alguns dos postulados da teoria psicanalítica. Ele se inspira, mais precisamente, no psicanalista americano Erik Erikson (1902-1994), para quem o principal motivo inconsciente das condutas consiste, na cabeça do ator, em controlar e em limitar sua angústia para dar-se uma segurança suficiente. Essa segurança é largamente garantida pelo caráter repetitivo, previsível, rotineiro das práticas sociais. De uma maneira que difere obviamente segundo as personalidades e os contextos, a rotina garante a segurança do ator. Ao contrário, a ruptura e a imprevisibilidade que se introduzem nas atividades podem fazer ressurgir a angústia. Esta atinge seu ponto máximo quando o ator é confrontado com situações críticas nas quais as rotinas e a vida cotidiana são – às vezes deliberadamente – questionadas e destruídas. Isso é ilustrado pela descrição que propõe o psicanalista Bruno Bettelheim da vida nos campos de concentração nazistas [BETTELHEIM, 1960/1972].

Giddens distingue, portanto, três níveis, três estratos, junto ao ator: a consciência discursiva, a consciência prática e o inconsciente. As fronteiras entre esses estratos não são estanques. Por exemplo: determinados saberes, determinados motivos, podem, por um tempo, situar-se unicamente no nível da consciência prática, depois, em razão de uma circunstância da vida, aceder à consciência discursiva e ser enunciados pelo ator na presença de outros, em situações de interação.

A inscrição no tempo e no espaço

Assim como os sistemas sociais, as ações individuais se inscrevem no tempo e no espaço.

Primeiramente no tempo. O ato não é concebido isoladamente; ele só encontra seu sentido se vinculado a outros, ao longo de uma ação contínua. Giddens aprofunda essa questão retomando notadamente as análises que Erving Goffman consagra aos comportamentos cotidianos pelos quais os indivíduos garantem a continuidade das interações no tempo. Assim, quando várias pessoas têm entre si intercâmbios verbais, uma rodada de palavras se organiza de maneira informal: o intercâmbio é "aberto" por certos comportamentos não verbais dos participantes (que se aproximam uns dos outros, que orientam seus corpos na direção de seu parceiro etc.); ele é "fechado" de maneira similar. Quando as pessoas estão em presença física, mas sem intercâmbio verbal – como é o caso em determinados lugares públicos –, elas adotam comportamentos respeitosos (não se olham tão ostensivamente, se afastam para deixar outras pessoas passarem etc.), que Goffman denomina "tato", cuja função é igualmente a de fazer com que a interação se desenrole sem sobressalto, de maneira fluida.

As condutas dos atores inscrevem-se igualmente no espaço. Giddens se inspira aqui nos trabalhos de geógrafos que mostram notadamente que é possível distinguir alguns lugares mais centrais e outros mais periféricos. Isso vale para todas as escalas de locais, desde os locais privados onde acontecem as interações cotidianas (p. ex., tal compartimento da casa, só ocasionalmente utilizado, é periférico em relação àquele que a família regularmente ocupa) até os lugares públicos mais abrangentes (o centro e a periferia de uma cidade, p. ex.). Giddens retoma também a distinção introduzida por Goffman – que se refere de bom grado a metáforas teatrais – entre o "camarote" e os "bastidores". O camarote, que Giddens o batiza de *região frontal*, é o espaço onde o ator domina suas impressões e adota os comportamentos de tato dos quais acabamos de falar, que garantem a fluidez da interação. Os bastidores, ou *região detrás*, é o lugar onde o ator pode relaxar o controle que exerce sobre suas condutas, onde pode preparar sua futura presença no palco, onde pode, com os comparsas, zombar das reações do público etc.

O ator, portanto, é uma pessoa que exerce um poder, que o faz de maneira reflexiva – essa reflexividade sendo limitada por seus motivos inconscientes e pelas consequências não intencionais de suas ações – e que inscreve suas ações no tempo e no espaço.

Essa concepção do ator se quer coerente com os princípios da Teoria da Estruturação. Em particular, ela deve permitir prestar contas da influência recíproca que os atores e os sistemas sociais exercem uns sobre os outros. Assim, o fato de associar estreitamente as noções de ator e de poder deve permitir prestar contas da maneira com a qual os atores estruturam os sistemas sociais. Além disso, a hipótese das consequências não intencionais que se tornam as condições da ação futura permite pensar conjuntamente as duas influências: 1) a influência dos atores sobre os sistemas sociais, visto que os comportamentos dos atores têm consequências sociais mais amplas; 2) a influência dos sistemas sociais sobre os atores, já que essas consequências se tornam condições que influenciam as ações futuras.

A Teoria das Convenções e outras tentativas de articular o individual e o coletivo

Para explicar o processo de estruturação, Giddens recorre à noção de convenção, em particular nas entrevistas concedidas no final dos anos de 1990 [*CAG*, p. 82-84, 89-90]. Podemos sublinhar assim certos parentescos entre, de um lado, o processo de estruturação e, de outro, a Teoria das Convenções, que tem sua origem nos trabalhos do lógico americano David K. Lewis [1969], e que atualmente está sendo desenvolvida particularmente nos domínios da economia e da gestão [BATIFOULIER, 2001; AMBLARD, 2003].

Uma conversação telefônica se interrompe: é aquele que telefonou que tornará a chamar. O condutor do veículo freia seu carro quando se aproxima do sinal vermelho. Em tal país, dá-se uma gorjeta a tal categoria de empregados. Em tal repartição, a pausa-café ocorre às 10:30h. Estes são exemplos de convenções.

A Teoria das Convenções interessa-se, portanto, pela maneira com que os indivíduos escolhem se comportar ao se defrontarem com situações incertas: eles fundamentam então suas decisões em referências que identificam na situação (no comportamento dos outros indivíduos, em determinados indícios materiais etc.) e que remetem a acordos, explícitos ou implícitos.

Assim como a Teoria da Estruturação, a Teoria das Convenções tem por projeto articular as condutas individuais e as lógicas coletivas, já que, por um lado, os acordos que constituem a convenção influenciam as decisões individuais e, por outro, as próprias decisões individuais são constitutivas da convenção.

Em ciências humanas existem outras tentativas de articular as duas grandes orientações denominadas por Giddens "subjetivismo" e "objetivismo", e que na tradição francófona são também designadas pelos termos "individualismo" e "holismo" metodológicos [VALADE, 2001].

Limitemo-nos à teoria elaborada por Michel Crozier e Erhard Friedberg na obra *L'Acteur et le système* – um título que sem dúvida não renegaria Giddens. Crozier e Friedberg se interessam pelo que denominam "conjuntos organizados", que tanto podem ser organizações delimitadas quanto conjuntos mais maleáveis e de tamanho mais significativo, como, por exemplo, o sistema das relações industriais de um país. Para compreender o funcionamento desses conjuntos, é necessário, para esses autores, levar em conta dois polos opostos e complementares que são precisamente o ator e o sistema. "O ator não existe fora do sistema que define sua liberdade e a racionalidade que ele pode usar em sua ação. Mas o sistema só existe para o ator, que é o único a poder carregá-lo e a dar-lhe vida, e o único capaz de transformá-lo" [CROZIER & FRIEDBERG, 1977, p. 9].

Nessas dinâmicas encontramos a ideia de uma influência recíproca, de uma circularidade entre, de um lado, as ações, as estratégias ou ainda as decisões que emanam do indivíduo e, de outro, as entidades coletivas. Essas teorizações também comportam diferenças, que urgiria estudá-las mais detalhadamente: Que lugar elas concedem à atividade cognitiva do indivíduo e como essa atividade é tratada (a reflexividade, em Giddens, as formas específicas de racionalidade na Teoria das Convenções e junto a Crozier e Friedberg)? Como é tratada a questão do poder (presente em Crozier e Friedberg e junto a Giddens, mas ausente na Teoria das Convenções)? Aqui, sobretudo, se insiste numa diferença. Em Crozier e Friedberg e na Teoria das Convenções as entidades coletivas são exteriores aos indivíduos: trata-se do sistema que resulta da combinação das estratégias dos atores (junto a Crozier e Friedbeg) e das referências materiais, comportamentais, que orientam as escolhas individuais (na Teoria das Convenções). Junto a Giddens, em contrapartida, as realidades coletivas são ao mesmo tempo exteriores aos indivíduos – designadas pela noção de sistema social – e interiorizadas por eles sob a forma de regras e recursos – o que reenvia à noção de estrutural.

A dupla hermenêutica das ciências sociais

Giddens fez acompanhar o seu trabalho de refundação da sociologia por uma reflexão aprofundada sobre os fundamentos filosóficos das teorias em ciências sociais.

O positivismo e a hermenêutica

Voltemos à distinção entre o "objetivismo" e o "subjetivismo". Cada uma dessas perspectivas reenvia a tradições filosóficas específicas. A perspectiva objetivista – e particularmente a sociologia de Durkheim – se inscreve largamente na tradição filosófica "positivista", ao passo que a perspectiva subjetivista – por exemplo, no caso da sociologia da ação de Weber, ou do interacionismo simbólico de Mead e Blumer – reenvia à corrente "hermenêutica". Giddens nos lembra que o desacordo entre essas duas tradições incide essencialmente sobre a questão da semelhança ou das diferenças entre as ciências da natureza e as ciências sociais:

• A tradição positivista insiste nas semelhanças entre o objeto das ciências sociais e o das ciências da natureza. Por conseguinte, os dois conjuntos de disciplinas devem colocar em prática métodos similares: observar os fatos, estabelecer entre eles relações, descobrir leis de causalidade etc.

• Ao inverso, a tradição hermenêutica, embora se acorde com o positivismo no tocante às ciências da natureza, se opõe a este quando o objeto de estudo é a sociedade. Esta, com efeito, é feita de indivíduos humanos que têm uma experiência subjetiva, que dão um sentido a suas ações e que, através destas, transformam a realidade social que os cerca. As realidades humanas não podem, portanto, ser observadas do exterior. Igualmente não podemos deduzir delas leis gerais, como se pode fazê-lo a propósito dos fatos da natureza. Os métodos devem ser específicos: é necessário recorrer à interpretação, que consiste precisamente em captar as significações que estão na base das condutas humanas.

Interpretações do pesquisador e interpretações dos sujeitos

Como Giddens se situa em relação a essas duas tradições? Sua posição – largamente debatida na obra *New Rules of Sociological Method* [1976] e na *Studies in Social and Political Theory* [1977] – é relativamente complexa. Limitar-nos-emos à tese da dupla hermenêutica e suas implicações no tocante à função transformadora das ciências sociais.

A utilização do termo "hermenêutica" mostra que Giddens, em face ao debate que acabamos de restabelecer, escolheu o seu campo. Ele se inscreve claramente na segunda tradição: "Todas as ciências sociais são irremediavelmente hermenêuticas", escreve ele [*NRSM*, p. 13]. Isso vale particularmente para a sociologia: "Contrariamente às ciências da natureza, [ela] está numa relação de sujeito/sujeito com seu 'objeto de estudo', e não numa relação de sujeito/objeto" [*NRSM*, p. 154].

Mas Giddens insiste no fato de que a hermenêutica é dupla. Existem primeiramente as interpretações que o pesquisador propõe das condutas dos sujeitos. Entretanto, sendo os sujeitos seres reflexivos (cf. supra), existem também interpretações que eles fazem das situações que vivem: interpretações que condicionam suas próprias ações e, através delas, os sistemas sociais. Esses dois tipos de interpretações não são estrangeiros um ao outro: em seu trabalho, o pesquisador leva em conta a maneira com a qual os sujeitos interpretam as situações que vivem; por outro lado, os sujeitos tomam conhecimento das interpretações dos pesquisadores e as integram em suas maneiras de ver e de agir. Existe, portanto, entre o pesquisador em ciências sociais e o sujeito, uma "reciprocidade de interpretação, uma 'dupla hermenêutica' [...]. De um lado, as teorias e as 'descobertas' dos cientistas das ciências sociais não podem ser mantidas fora do universo das significações e das ações daqueles e daquelas que são seu objeto. De outro, esses atores que fazem parte dos objetos das ciências sociais são igualmente teóricos do social, e suas teorias contribuem na constituição das atividades e das instituições que são os objetos de estudo dos cientistas das ciências sociais. Nenhuma linha de demarcação clara separa os atores 'ordinários' dos especialistas quando se trata de reflexão sociológica documentada" [*CS*, p. 43].

Na figura 3 representamos essa dupla hermenêutica por dois anéis: o da esquerda designa as interpretações dos sociólogos, o da direita as interpretações e as ações dos sujeitos; na interseção dos dois anéis, uma zona em que eles fazem o intercâmbio – e, de alguma maneira, misturam – dos saberes entre si.

Figura 3 A dupla hermenêutica das ciências sociais

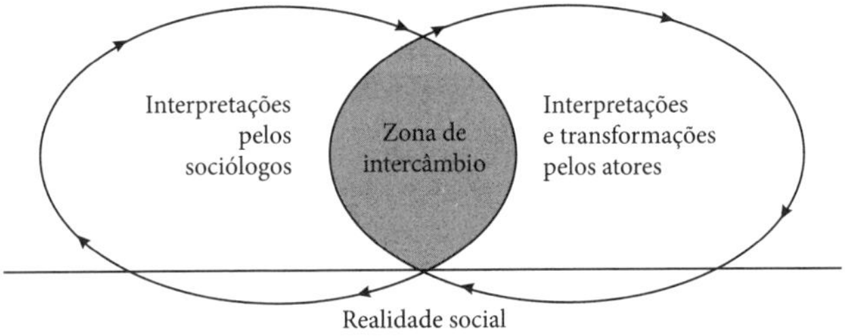

A influência difusa das ciências sociais

Essa dupla hermenêutica tem por consequência o fato de que as ciências sociais não estão isoladas do mundo que elas estudam, mas que, de alguma forma, elas entram em sua constituição: "Toda reflexão [...] sobre os processos sociais penetra no universo desses processos, se desprende deles e neles repenetra ininterruptamente, ao passo que nada de similar acontece no mundo dos objetos inanimados, que são indiferentes a tudo o que os seres humanos podem pretender conhecer deles" [*CS*, p. 43]. Giddens assume aqui o exemplo dos escritos dos primeiros teóricos do Estado Moderno, e em particular os trabalhos de Maquiavel (1469-1527). Quando escreve seus textos – e notadamente *O príncipe* –, Maquiavel provavelmente retoma as ideias que já circulavam entre os dirigentes políticos da época (aqui está a ideia da teorização que "se desprende" dos processos sociais). Entretanto, a elaboração e a difusão dessas obras contribuem para o debate político: alguns dirigentes da época pregam as ideias de Maquiavel, ao passo que outros veem nelas uma forma de depravação da vida política etc. Cedo ou tarde, as ideias de Maquiavel e de seus discípulos ajudam a implementar mudanças constitucionais e legislativas fundamentais (aqui está a ideia da teorização que "repenetra" nos mesmos processos sociais).

As ciências sociais, portanto, têm um impacto profundo sobre a sociedade, mas essa influência não se exerce da mesma maneira que nas ciências da natureza. As ciências da natureza e as tecnologias que as acompanham provocam transformações do mundo material bastante perceptíveis, e às vezes excepcionais. As ciências sociais, em razão da dupla hermenêutica que as caracteriza, exercem uma influência obviamente importante, mas muito mais difusa: "Uma vez compreendido o caráter complexo, contínuo e íntimo da relação estreita que une os 'especialistas das ciências sociais' e os analistas 'ordinários' do social, torna-se mais fácil compreender a razão pela qual não se percebe o impacto profundo que as ciências sociais têm sobre a constituição das sociedades modernas: ele quase se confunde com essa constituição. As 'descobertas' das ciências sociais que suscitam interesse não permanecem por muito tempo meras descobertas; de fato, quanto mais esclarecedoras elas forem, tanto mais chances elas têm de incorporar-se à ação e de vir a ser princípios conhecidos e comuns da vida social" [*CS*, p. 417-418].

II As transformações dos sistemas sociais

Como as sociedades se transformam? As respostas que mais frequentemente os sociólogos dão a essa questão fundamental vinculam-se, segundo Giddens, à corrente evolucionista, que em vários pontos opõe-se à Teoria da Estruturação apresentada no capítulo precedente. Essa teoria, portanto, merece uma crítica radical (terceira seção). Por outro lado, o estudo da mudança das sociedades precisa colocar em prática uma tipologia dessas sociedades (primeira seção), e essa tipologia deve acordar ao Estado uma atenção maior do que a tradicionalmente concedida pelos sociólogos (segunda seção).

Uma tipologia das sociedades

Uma parte importante da obra de Giddens se dedica a um tipo particular de sistema social, por ele denominado "sociedades". As sociedades são sistemas geralmente muito vastos, caracterizados por um conjunto de instituições e associados a um território específico. Os membros de uma sociedade frequentemente mostram um sentimento de pertença que lhes dá uma identidade comum, sobre a qual se funda a pretensão de ocupar o território em questão [*CS*, p. 220-222].

Em várias obras, a maioria delas escritas na década de 1980 – particularmente *Central Problems of Social Theory* [1979], *A Contemporary Critique of Historical Materialism* [1981], *La Constitution de la société* [1984/1987] e o manual *Sociology* [1989] –, Giddens empenha-se na elaboração de uma tipologia das sociedades. Ele distingue três tipos principais. O primeiro é o que ele denomina *sociedades tribais*, também identificadas por ele como *culturas orais*. Elas se apresentam sob duas formas.

Tribos nômades ou sedentárias

Pode tratar-se de pequenos conjuntos de algumas dezenas de pessoas que se dedicam à caça, à pesca ou à coleta. Sua origem remonta ao início da história da humanidade. Os bens materiais dos quais dispõem essas populações se limitam a poucas coisas: armas e instrumentos de caça, utensílios para arar o solo, material de cozinha. Efetivamente essas sociedades não acumulam bens; elas apenas possuem os objetos necessários a satisfazer as necessidades elementares de seus membros. Estes, por outro lado, são mais inclinados às atividades religiosas e passam uma parte importante de seu tempo preparando vestimentas ou objetos rituais e participando de cerimônias.

A segunda forma de sociedade tribal é constituída por agrupamentos criadores de animais ou de agricultores, surgidos há aproximadamente vinte mil anos. Os primeiros geralmente se deslocam de uma região para outra ao ritmo das estações, ao passo que os grupos de agricultores são mais sedentários: eles ocupam vários vilarejos, entre os quais vão se nutrindo os vínculos comerciais e políticos. Essas sociedades pastoris e agrícolas são de tamanho nitidamente mais importante que as sociedades dedicadas à caça e à coleta. Elas igualmente acumulam mais bens materiais. Algumas dentre elas são pacíficas, ao passo que outras praticam regularmente a guerra e se entregam à pilhagem.

Um exemplo de sociedade tribal nômade: os Pigmeus Mbutis

Bem que Giddens poderia ter embasado sua tipologia das sociedades nas descrições retomadas dos historiadores, dos antropólogos etc.! Entretanto, somente num manual destinado aos estudantes de sociologia ele propõe tais ilustrações. Assumiremos aqui sua descrição do modo de vida dos Pigmeus Mbutis, na qual ele ilustra sua noção de sociedade tribal nômade.

"Os Mbutis vivem em florestas densas, de difícil penetração. Eles conhecem esse espaço com familiaridade e nele se deslocam como querem. Esse espaço abrange grandes extensões de água e abriga plantas selvagens comestíveis e animais que eles caçam. As casas habitadas pelos Mbutis não são construções permanentes, mas feitas de folhas colocadas sobre uma estrutura de galhos de árvores. Elas podem ser construídas em algumas horas e são abandonadas quando os Mbutis se deslocam, hábito continuamente repetido por eles; de fato, eles não permanecem no mesmo lugar por mais de um mês.

Os Mbutis vivem em pequenos bandos constituídos de quatro ou cinco famílias. Estas fazem parte do grupo de maneira relativamente estável, embora nada impeça que um indivíduo ou uma família abandone o grupo e se junte a outro. Ninguém dirige esses grupos; eles não têm chefe. No entanto, os homens idosos têm por obrigação a de acalmar o 'rumor' – isto é, as querelas e as disputas – que, segundo os Pigmeus, desagradam os espíritos da floresta. Se um conflito se torna muito grave, o grupo se divide e alguns de seus membros acabam se juntando a outro bando.

Os Mbutis foram estudados a partir dos anos de 1960, numa época em que seu modo de vida tradicional era ainda intacto. Desde então, ele foi submetido a tensões crescentes. O mundo exterior foi cada vez mais impiedoso para com a floresta e os Mbutis foram incorporados à economia monetária das cidades vizinhas [...]. Seu modo de vida [...] está atualmente em vias de extinção."

Fonte: Giddens. *S*, p. 48.

Civilizações não industriais

Giddens designa o segundo tipo de sociedades pelas expressões "sociedades divididas em classes" ou "civilizações não industriais". Ele visa aqui as sociedades surgidas no Oriente Médio há aproximadamente seis mil anos, e mais tarde na China, no Japão, na Índia ou no Paquistão hodiernos, ou ainda na América do Sul. Elas são marcadas pelo desenvolvimento das cidades, cujas funções são ao mesmo tempo religiosas, comerciais e militares. Ali existe um leque de profissões muito mais amplo do que nas sociedades tribais: ao lado dos agricultores e dos criadores de animais encontram-se artesãos, comerciantes, sacerdotes, soldados, administradores etc. E se Giddens as designa com o termo "civilizações" é porque elas se caracterizam pelo desenvolvimento da escrita, das ciências e das artes. Muitas dessas sociedades cresceram graças ao comércio, mas um bom número delas – por exemplo, o Império Romano – recorreu igualmente a conquistas militares, implicando exércitos profissionais. Giddens estima que no mundo atual esse tipo de sociedade não existe mais; alguns países, como a China ou o Japão, permaneceram próximos das civilizações não industriais até o início do século XX, mas em seguida evoluíram na direção do terceiro tipo: as sociedades de classes.

Tabela 2 Os tipos de sociedade

1) Sociedades tribais: (ou culturas orais)
   - Tribos nômades de caçadores e pescadores
   - Sociedades pastoris e agrárias

2) Civilizações não industriais (ou sociedades divididas em classes)

3) Sociedades de classes (ou sociedades capitalistas, ou sociedades industriais)

Sociedades de classes

Estas últimas - que às vezes Giddens também denomina "sociedades capitalistas" ou "sociedades industriais" - surgiram no século XVIII em vários países europeus, sob a pressão conjugada de dois fenômenos: o capitalismo e a industrialização. O capitalismo, isto é, a produção de bens pela troca e pelo lucro; a industrialização, pelo uso de novas técnicas (máquinas a vapor, ofícios de tecelagem etc.) que recorrem a fontes de energia como o carvão, o petróleo ou ainda a eletricidade. Essas mudanças aumentaram as desigualdades entre os indivíduos, em particular entre os proprietários dos meios de produção e os trabalhadores; estes últimos se obrigam a vender sua força de trabalho para ganhar sua vida e garantir sua subsistência. Segundo Giddens, as relações entre as classes afetam fortemente a dinâmica dessas sociedades, daí sua denominação "sociedades *de classes*" (a denominação "sociedade *dividida em classes*", que caracteriza o modelo precedente, significa que ali as classes estão bem presentes, mas que elas não têm a função central que possuem no terceiro tipo). Contrariamente aos outros tipos, onde a maioria das pessoas se ocupam da agricultura ou da criação de animais, o essencial da população ativa trabalha nas empresas, nos escritórios ou no comércio. As cidades são de tamanho mais importante em relação às civilizações não industriais; elas abrigam o essencial da população. Aí se desenvolvem relações entre pessoas que, o mais frequentemente e previamente, não se conhecem. As grandes empresas e o Estado influenciam profundamente nos diferentes aspectos da vida das populações: na alimentação, na educação, nas formas de lazer, nas relações íntimas etc. Enfim, a industrialização teve por efeito o crescimento da produção de armas; com o poderio econômico, a superioridade militar tornou-se responsável pela extensão dessas sociedades ao longo dos dois últimos séculos.

As formas de dominação

Tendo descrito esses diferentes tipos de sociedades, que tipo de análise Giddens propõe delas? Inscrevendo-se na linha de Marx, ele se interessa pelo tipo de *poder* e de *dominação* que se exerce em cada uma delas. Os dois termos têm para ele significações muito próximas. O primeiro se situa no nível do ator individual; ele designa sua capacidade de influência e de transformação. O termo "dominação" caracteriza antes os sistemas sociais, já que ele designa a maneira com a qual as relações de poder se reproduzem nas interações. Esse segundo termo contém também a ideia de desigualdade: ele sugere que, nessas relações de poder que se repetem, os recursos são distribuídos de maneira desequilibrada entre os atores [*CCHM*, p. 50].

Entretanto, quais são precisamente os recursos que os atores utilizam quando exercem o poder, recursos que também permitem caracterizar as diferentes formas de dominação? Trata-se de dois tipos: os recursos de alocação, ou de empréstimo, e os de autoridade. No primeiro caso, o poder ou a dominação passa pelo controle de objetos, de realidades materiais: terras, matérias-primas úteis à produção, utensílios, dinheiro etc. No segundo caso, ele passa pelo controle dos próprios homens: a organização de suas atividades, de suas possibilidades de expressão etc.

De acordo com os tipos de sociedades, ora a dominação apoiar-se-á mais nos recursos de alocação, ora nos recursos de autoridade. Assim, nas sociedades tribais e nas civilizações não industriais, os recursos de autoridade constituem a base principal da dominação. Esse é o caso, em particular, para as primeiras civilizações não industriais surgidas no Oriente Médio. Obviamente, a atividade agrícola que ali se desenvolve implica o uso de recursos de alocação que não existiam nas sociedades tribais (ligados notadamente às técnicas de irrigação); entretanto, com a aparição da escrita e os controles que esta permite exercer sobre as populações, são os recursos de autoridade que predominam nas relações de dominação (voltaremos a esse ponto mais adiante).

Nas sociedades de classes, os recursos de autoridade continuam se desenvolvendo, mas é a propriedade privada dos meios de produção – um recurso de alocação – que se torna central nas relações de dominação.

A predominância dos recursos de alocação nas sociedades de classes

"Na sociedade capitalista, contrariamente ao que se passa nas civilizações divididas em classes, a propriedade privada é às vezes o meio de se apropriar do excedente (sob a forma da mais-valia) e o fermento fundamental da mudança social. A propriedade privada enquanto capital é um mecanismo de organização e de mobilização social. Ela está implicada na reprodução da totalidade social de uma forma bem mais significativa do que o era, tanto na propriedade da terra quanto do capital mercantil, nas sociedades divididas em classes. Com efeito, uma vez colocada em prática, a economia capitalista tem necessidade de manter um nível de investimento para permitir que as empresas continuem lucrando; e, por sua vez, a criação do lucro é a condição que permite os investimentos. Isso significa que os recursos de alocação adquirem uma importância nova."

Fonte: Giddens. *CCHM*, p. 122.

Divisão do trabalho e integração

Giddens se interessa igualmente pelo modo de divisão do trabalho que prevalece em cada tipo de sociedade, inscrevendo-se assim no rol de trabalhos de Durkheim, particularmente *De la division du travail social* [1893/2004]. Nas sociedades tribais, a divisão do trabalho é fraca e repousa principalmente sobre o sexo. Assim, a prática da caça é reservada aos homens, ao passo que as mulheres cultivam os lotes de terra, preparam a comida e se ocupam das crianças. Nas civilizações não industriais, a principal linha de divisão é a que separa as atividades rurais das atividades urbanas. É no seio das cidades que as novas atividades aparecem. Nas sociedades de classes se desenvolve uma produção industrial muito diversificada, que se especializa em função das regiões e dos países.

A esses modos de divisão do trabalho correspondem modos de integração social específicos. A Teoria da Estruturação faz repousar a integração social sobre o uso do espaço e do tempo. De acordo com os tipos de sociedades, ela se opera ora por relações entre as pessoas presentes no mesmo lugar e no mesmo momento, ora por relações onde os atores se encontram distantes no tempo e no espaço. Percebe-se, pois, de acordo com os tipos de sociedades, formas de interação que repousam sobre graus diferentes de distanciamento espaçotemporal.

Podemos representar pela tabela 3 a maneira com a qual os três tipos de sociedades se caracterizam, segundo os dois critérios que acabamos de evocar: os recursos principais da dominação e os graus de distanciamento espaçotemporal.

Tabela 3 Os tipos de sociedades diferenciadas segundo dois critérios

		Tipo de recursos utilizados para garantir a dominação	
		Autoridade	**Alocação**
Grau de distanciamento espaçotemporal	**Fraco**	Sociedades tribais	
	Intermediário	Civilizações não industriais	
	Elevado		Sociedades de classes

Examinemos mais detalhadamente essas modalidades de integração. Nas sociedades tribais a maioria dos encontros opera-se num face a face, entre pessoas presentes no mesmo momento e no mesmo lugar: na tribo, no vilarejo etc. Os laços de parentesco, sustentados pela tradição, exercem um papel fundamental na garantia da integração.

Nas civilizações não industriais, em razão do desenvolvimento das cidades, as relações se nutrem doravante mais frequentemente entre pessoas distantes no espaço e no tempo. Isso se torna possível pela escrita. Giddens cita o exemplo da carta: a pessoa que a envia e a que a recebe estão espacialmente distantes; elas estão igualmente distantes no tempo, já que vários dias, e até mesmo semanas, se passam entre o momento em que a carta é escrita e remetida e aquele em que ela é recebida e lida. O mesmo vale para os outros escritos surgidos nas civilizações não industriais: códigos de leis, procedimentos judiciários, registros de populações etc. Eles adquirem uma existência independente daquela de seus autores. Eles viajam no espaço, perduram no tempo. Quem os consulta é colocado em relação com fatos que podem ser relativamente distantes e relativamente antigos. Em suma, os escritos alargam as dimensões de espaço e de tempo.

Os escritos tornam assim possíveis os intercâmbios econômicos entre as cidades e as regiões interioranas, e entre as próprias cidades. Eles permitem, sobretudo, os primeiros controles exercidos pelas administrações públicas sobre as populações. Na origem, aliás, os escritos se constituíam, o mais frequentemente, "em meios de registrar e de analisar as informações tornadas necessárias na administração das sociedades que aumentavam em tamanho" [*CCHM*, p. 5]. Segundo Giddens, a transformação do espaço-tempo é, portanto, um aspecto essencial das transformações econômicas e políticas das civilizações não industriais.

Nas sociedades de classes, os escritos são muito mais numerosos ainda, primeiramente graças ao uso de informações impressas e posteriormente aos progressos da educação e dos novos meios de comunicação. Giddens insiste na novidade que representa o telégrafo: pela primeira vez, a comunicação entre pessoas distantes fisicamente não implica mais o transporte de um objeto de um lugar para o outro, nem a demora ocasionada por esse transporte. A comunicação torna-se quase instantânea. O mesmo ocorre com o telégrafo. No entanto, esses dois meios de comunicação concedem pouco espaço aos aspectos mais sensoriais presentes na comunicação face a face. Nas formas mais modernas de comunicação a distância (como as videoconferências), esses elementos, em parte, reaparecem.

Assim como nas civilizações não industriais, os escritos, da mesma forma que, mais recentemente, os meios eletrônicos, têm por função coletar e estocar dados relativos aos indivíduos, a fim de controlá-los. Esses controles doravante se estendem aos múltiplos aspectos da vida dos cidadãos: aqui podemos evocar, dentre outros, a soma de seus salários e como os utilizam, os cuidados médicos dos quais se beneficiam, os medicamentos consumidos, os atos de delinquência cometidos etc.

As estruturações do tempo e do espaço

Giddens sublinha igualmente que a cada tipo de sociedade está vinculado um modo de estruturação do tempo. Nas sociedades tribais é a tradição que prevalece: é ela, em particular, que justifica o caráter rotineiro das práticas sociais. As atividades transcorrem como sempre transcorreram, e essa repetição indefinida lhes dá sua justificação. Nas civilizações não industriais, a referência à tradição permanece válida, mas a noção de tradição ela mesma muda de sentido. Efetivamente escritos foram surgindo, buscando interpretar a tradição, tentando religá-la aos acontecimentos que se produziram na origem ou ao longo da história da sociedade. Mas essas interpretações são forçosamente diferentes umas das outras, entrando necessariamente em conflito. Em suma: pode-se afirmar que nas civilizações não industriais as tradições não aparecem mais em estado bruto, mas são intermediadas por escritos que de alguma forma as fazem aparecer como tradições. Essa é uma primeira maneira de relativizá-las, de começar a colocá-las em confronto com outras maneiras de justificar as práticas sociais.

Nesses dois primeiros tipos de sociedades, o tempo é imerso nas práticas sociais. Ele não existe como realidade independente destas, já que ele pode ser medido em horas, em minutos, em segundos etc. Giddens o justifica através das pesquisas linguísticas mostrando que a própria noção de tempo dificilmente é traduzível na linguagem de muitos povos. Sendo indissociavelmente ligado às práticas sociais, o tempo está também ligado aos lugares em que essas práticas se desenvolvem. "Tempo" e "espaço", de certa maneira, são indissociáveis.

É somente numa sociedade de classes que o tempo se torna uma realidade independente das atividades sociais e dos lugares em que tais atividades transcorrem, que delas ele "se esvazia". Ele também se torna uma realidade que se presta à medição, historicamente marcada pela invenção do relógio, dos calendários, dos horários etc. Giddens vê particularmente no horário "um meio de regular a vida social em se recorrendo à quantificação do tempo"; esse meio está no âmago do funcionamento das organizações modernas [*NSV*, p. 174]. Aliás, a quantificação do tempo vai permitir que o trabalho se torne uma mercadoria, que o trabalhador venda seu trabalho ao capitalista sob a forma de "horas" ou de "jornadas" trabalhadas.

Aquilo que vale para o tempo, de alguma maneira vale para o espaço. Este também se esvazia das práticas sociais e dos lugares onde elas ocorrem. O espaço igualmente se presta à medição: um quilômetro medido num determinado lugar equivale a um quilômetro medido em outro lugar qualquer. Os mapas, em relação ao espaço, têm uma função similar à preenchida pelos calendários, pelos horários etc. em relação ao tempo. E, nas sociedades de classes, o espaço, assim como o tempo, é uma mercadoria. Compram-se e vendem-se terrenos para produzir alimentos, para construir rodovias, ferrovias ou aeroportos... O espaço igualmente estrutura-se em função das características sociais das pessoas que o ocupam. Em termos de mercadoria, portanto, o espaço se inscreve, assim como o tempo, no âmago das sociedades de classes.

Giddens descreve outra transformação que concerne à estruturação do espaço e do tempo. Retomando as análises de Max Weber, ele sublinha que o desenvolvimento do capitalismo industrial levou a uma separação entre o domicílio e o local de trabalho. Essa separação dos espaços deu lugar a um recorte entre o tempo de trabalho e o tempo que não é submetido às coerções do trabalho e que é um tempo "para si", ou ainda um tempo "livre". Esse corte espaçotemporal marcou profundamente a vida familiar. Tanto que a esfera familiar se sobrepunha à do trabalho: fortes interdependências religavam os homens, as mulheres e as crianças, já que eles se encontravam associados ao mesmo tempo no quadro da família e no do trabalho. A separação que acabamos de evocar reduz essas interdependências. Ela tem igualmente por consequência a de identificar mais a vida de família com o lar e com a esfera privada, assim como a de associar a vida familiar com a mulher (e isso, mesmo se, na história da sociedade industrial, as mulheres se constituíram numa parte importante da mão de obra).

Giddens insiste enfim no fato de que essas sociedades de diferentes tipos não devem ser estudadas como entidades isoladas, mas que elas são, em cada momento da história, vinculadas com sociedades que pertencem a outros tipos, constituindo um "sistema intersocial" particular. Assim, o sistema intersocial contemporâneo é caracterizado pelo desaparecimento quase completo das civilizações não industriais. Quanto às sociedades tribais que subsistem hoje, elas se encontram em territórios relativamente isolados e são frequentemente as últimas representantes de conjuntos mais importantes, em vias de desintegração. Na realidade, tanto as sociedades tribais quanto as civilizações não industriais foram destruídas ou absorvidas, ou, mais ainda, se transformaram em sociedades de classes.

A compreensão dos sistemas intersociais necessita, no entanto, considerar melhor uma realidade que ainda não descrevemos de maneira aprofundada, que é o Estado. Giddens lhe dedica uma atenção muito especial.

As formas do Estado

A questão do Estado, segundo Giddens, foi negligenciada pela tradição sociológica. Em parte, isso é devido ao lamentável recorte que existe, no interior das ciências sociais, entre a sociologia e a ciência política. A primeira se interessa essencialmente pela "sociedade civil": a família, a religião, a economia, em suma, as outras instituições, não o Estado. Este é estudado no quadro da ciência política. Mas esse esquecimento do Estado pela sociologia tem igualmente raízes mais profundas. A disciplina sociológica, no entanto, que em muitos pontos se opôs ao pensamento econômico clássico, com este compartilha uma herança que consiste em atribuir ao Estado um papel mínimo. Quando muito, estima Giddens, a sociologia se interessa pelos *efeitos* do Estado sobre a sociedade: por exemplo, em Marx, a tese segundo a qual o Estado protege os interesses da classe dominante e, portanto, consolida as relações de classes. Em contrapartida, o Estado *como tal* praticamente não é objeto de um estudo sistemático [*SBCI*, p. 71].

Inspirando-se largamente na definição de Weber, Giddens estima que podemos falar de Estado quando existem instituições (um governo, um parlamento, um sistema de leis, uma polícia, um exército etc.) que tendem a governar uma sociedade estável num território bem delimitado e que reivindicam, sobre esse território, o controle legítimo dos meios de violência dirigidos tanto para o interior quanto para o exterior [*S*, p. 338; *NSV*, p. 17-19].

Essa definição só é plenamente atualizada nos estados que correspondem às sociedades de classes, que Giddens denomina *estados-nação*. Essa forma surgiu nos países ocidentais a partir do final do século XVIII. Giddens analisa seu funcionamento principalmente na obra *The Nation-State and Violence* [1987], e também, de maneira mais sucinta, em *A Contemporary Critique of Historical Materialism* [1981] e em *Sociology – A Brief but Critical Introduction* [1982].

As características do Estado-nação

Se as sociedades tribais são desprovidas de Estado, as civilizações não industriais comportam um – denominado por Giddens Estado tradicional –, embora este não apresente os traços específicos do Estado-nação.

Os estados-nação se caracterizam primeiramente pelo fato de terem conseguido fazer reconhecer suas fronteiras, e de forma claramente definidas – identificadas pelo termo inglês *borders*. Esse não é o caso dos estados tradicionais cujas fronteiras – *frontiers* – são mais frequentemente imprecisas. Elas são frequentemente constituídas de territórios hostis ao povoamento: desertos, montanhas, pântanos, florestas. Obviamente, pode tratar-se, em alguns casos, de um obstáculo natural situado em locais específicos – um mar, um rio etc.; não se excluindo inclusive a possibilidade da fronteira ser demarcada por fortificações – aqui nos atemos a alguns limites do Império

Romano, ou à grande Muralha da China. Nesse caso, não se trata de fronteiras no sentido moderno do termo: são, antes, obstáculos que servem de defesa contra agressões ou invasões.

Os estados-nação conquistaram sua soberania no interior de suas fronteiras. Tal soberania consiste em elaborar leis que regem os múltiplos aspectos da vida dos cidadãos, e em implementar meios que garantam o respeito a essas leis. Giddens discute longamente a respeito desses meios. Sabemos que Weber antecipa aqui um deles: o controle legítimo da violência. Esse controle, segundo Giddens, é conquistado, sobretudo no caso dos estados-nação. Entretanto, estes não usam efetivamente a violência no interior de seu território. Em suma: no quadro dos estados contemporâneos é raro que as forças armadas e até mesmo as forças policiais enfrentem grupos de oposição. Em *Surveiller et punir*[3], Foucault mostrou que as formas violentas de punição praticamente desapareceram na sociedade moderna. O uso da força física, assim como a ameaça desse uso, portanto, são pouco frequentes como meio de garantir a soberania no quadro dos estados-nação. O mesmo não ocorre nos estados tradicionais, que frequentemente se veem confrontados com oposições armadas: rebeliões chefiadas por líderes militares locais, por bandos de saqueadores, por frotas de piratas etc. A violência ali é igualmente usada para fazer respeitar a lei, em particular através do uso da pena capital, muito mais difundida do que nos estados-nação. Enfim, a violência é

3. Versão em língua portuguesa: *Vigiar e punir*. Petrópolis: Vozes.

utilizada no quadro das relações de trabalho, ao menos em alguns casos limitados (construção de fortificações, exploração de minas etc.), onde os agentes do Estado vigiam de perto a realização de determinados trabalhos. No entanto, na maioria das situações – pensamos, por exemplo, nos trabalhos agrícolas –, a classe dirigente não se imiscui no trabalho das populações trabalhadoras; no máximo exige delas uma parte da colheita ou do dinheiro angariado. Em suma: contrariamente ao que observamos no quadro dos estados tradicionais, os estados-nação recorrem aos meios de controle essencialmente pacíficos.

As relações entre os estados

Giddens insiste no fato de que, paradoxalmente, essa soberania conquistada por cada Estado-nação sobre seu território é ligada aos desenvolvimentos das relações com os outros estados. Um estado só pode controlar legitimamente as populações no interior de suas fronteiras se os estados que o rodeiam o permitem, e *vice-versa*. É a razão pela qual a constituição dos estados-nação foi acompanhada por uma intensa atividade diplomática, assim como pela criação de inúmeras instituições políticas internacionais. Giddens descreve notadamente a formação da Sociedade das Nações, criada após a Primeira Guerra Mundial (instituição substituída em 1946 pela Organização das Nações Unidas). Ele evoca igualmente as agências internacionais mais especializadas, como a Organização Mundial da Saúde. De fato, as organizações intergovernamentais implicadas no "sistema-mundo" viram seu número e sua importância aumentar muito sensivelmente desde o início do século XIX. Em parte, esse desenvolvimento da diplomacia e das instituições internacionais vincula-se ao desenvolvimento do Estado-nação: "As 'relações internacionais' não devem ser consideradas conexões implementadas por estados que, por outro lado, já existiam, e que teriam conseguido manter sua soberania sem elas; elas são a própria base sobre a qual o Estado-nação se construiu" [*NSV*, p. 263-264].

Em resumo: Giddens define o Estado-nação como uma forma de Estado "que existe num sistema de outros estados-nação, e que apresenta um conjunto de formas institucionais de governo que conserva um monopólio administrativo sobre um território com limites bem definidos (fronteiras), sendo este governo sancionado pela lei e pelo controle direto dos meios da violência interna e externa" [*NSV*, p. 121].

Na obra *The Nation-State and Violence*, Giddens propõe a dimensão propriamente política do "sistema-mundo". Ela evoca igualmente outra componente da mundialização: a concentração do poder econômico nas mãos das empresas transnacionais, que se reforçaram ao longo dos últimos decênios. Ele, portanto, opõe-se firmemente à ideia de que esse desenvolvimento das sociedades transnacionais poderia enfraquecer a soberania dos estados [*NSV*, p. 290-291]. Dez anos mais tarde, na obra *La troisième voie,* publicada em inglês em 1998, ele revê esse ponto de vista, estimando que a mundialização enfraquece os poderes dos estados-nação, notadamente no domínio econômico [*TW*, p. 49].

Se a violência e a ameaça de violência desapareceram largamente da política interna dos estados-nação, elas, em contrapartida, estão muito presentes em suas relações externas. Giddens mostra que os meios industriais modernos são largamente mobilizados pelos estados-nação para produzir enormes quantidades de armamentos sempre mais sofisticados. Os modos de organização militares também se transformaram profundamente: formação específica e profissionalização dos quadros, serviço militar e alistamento, uso de meios de transporte dos armamentos e das tropas mais eficazes e mais rápidos... Essa militarização dos estados é fundamental para compreender o equilíbrio que se instaura, em nível internacional, entre as sociedades ocidentais e o mundo comunista (vale lembrar que Giddens escreve *The Nation-State and Violence* na década de 1980, ou seja, no período da Guerra Fria). O poderio militar dos estados-nação ocidentais é igualmente um dos fenômenos que permite compreender a história da colonização e, mais recentemente, as relações desiguais entre os países do Norte e do Sul. Aos olhos de Giddens, portanto, a ordem mundial é constituída de uma mistura de relações econômicas desiguais, de um equilíbrio entre potências militares e de relações diplomáticas entre estados.

Uma concepção da mudança que se opõe ao evolucionismo

Uma grande parte da Teoria da Mudança elaborada por Giddens consiste, pois, em elaborar uma tipologia das sociedades. Uma tipologia relativamente complexa, que propõe e que articula várias dimensões: os modos de divisão do trabalho, os modos de integração social, as formas de dominação, os tipos de estados etc. Mas Giddens também especifica o tipo de uso ao qual essa tipologia deve prestar-se. Ele teme que ela seja utilizada de uma maneira que não corresponda aos postulados e aos conceitos que ele propôs no quadro de sua Teoria da Estruturação. Ele associa esses usos inadequados ao que ele mesmo denomina abordagem evolucionista da mudança das sociedades, uma abordagem que ele critica de maneira insistente em várias obras, em particular na *Central Problems of Social Theory* [1979], *A Contemporary Critique of Historical Materialism* [1981] e *La constitution de la société* [1984/2005].

Uma sucessão de etapas necessárias

O pensamento evolucionista surgiu nas ciências sociais durante a segunda metade do século XIX, sob a influência da biologia, em particular dos trabalhos de Darwin. Podemos caracterizá-lo por três traços. Primeiramente, ele postula que a mudança assume a forma de uma mesma sucessão de etapas pelas quais todas as sociedades necessariamente passariam; em outros termos, a mudança das sociedades assume um único e mesmo caminho. Essa sucessão de etapas responde a um critério único que pode ser, segundo os casos, a complexidade crescente da sociedade, ou a diferenciação cada vez mais importante das instituições etc. Ou ainda, ela responde a um mecanismo único, como a necessária adaptação da sociedade ao seu entorno material, ou o desenvolvimento das forças produtivas etc. Desse ponto de vista, o materialismo histórico pode ser considerado uma forma de evolucionismo.

Segundo Giddens, esse primeiro traço não corresponde à maneira com a qual a mudança efetivamente se opera. Alguns tipos de sociedades – por exemplo, as sociedades tribais – continuam coexistindo com as outras – as civilizações não industriais – que, no entanto, existem há milênios. Giddens deixa assim entender que poderíamos observar movimentos em sentido inverso – por exemplo, civilizações encaminhando-se para sociedades tribais –, mas ele não oferece nenhuma ilustração a esse respeito. Ele estima que nenhum mecanismo simples, por si só, pode explicar a mudança das sociedades. É o que ele mostra ao examinar as diversas explicações que foram dadas sobre o surgimento dos estados no quadro das civilizações não industriais. Este surgimento, segundo Giddens, não pode ser explicado validamente senão levando-se em conta, de acordo com as situações, fatores tão diversos como as mudanças técnicas, demográficas, ou ainda as guerras.

Por outro lado, os critérios únicos propostos pelos defensores do pensamento evolucionista frequentemente se revelam incorretos. Por exemplo, o critério da complexidade crescente das sociedades. Inspirando-se em trabalhos antropológicos, Giddens mostra que as sociedades aparentemente pouco complexas talvez o sejam efetivamente do ponto de vista do desenvolvimento das técnicas, mas que elas podem, em contrapartida, apresentar um alto grau de complexidade em outros domínios, como na linguagem ou nas estruturas de parentesco etc.

O crítico Erik Olin Wright estima que a Teoria da Mudança das sociedades proposta por Giddens não foge à reprovação do evolucionismo.

"Giddens propõe uma tipologia das formas sociais que opera claramente uma classificação quantitativa sobre a variável do distanciamento espaçotemporal [...]. Sua argumentação explícita parece rejeitar a possibilidade de evidenciar qualquer tendência quanto às transições que se operam entre as formas sociais constitutivas dessa tipologia. Ele insiste que os mecanismos ou os processos de transição de uma forma a outra são específicos para cada transição particular e, acima de tudo, que não existe nenhuma força trans-histórica que impulsione as sociedades tribais de fraco distanciamento espaçotemporal a evoluir na direção das sociedades capitalistas e, eventualmente, na direção das sociedades socialistas de forte distanciamento espaçotemporal.

Se, no entanto, olharmos mais de perto as análises mais detalhadas com as quais Giddens procede, elas parecem sugerir um argumento lógico indo no sentido de tal progressão. O 'distanciamento espaçotemporal' é um conceito que compreende a capacidade que as pessoas de uma sociedade têm de controlar os recursos de alocação e de autoridade no tempo e no espaço a fim de utilizá-los no quadro das relações de poder. Aumentar o distanciamento espaçotemporal implica, dentre outras coisas, no tocante aos recursos de alocação, o desenvolvimento das forças produtivas; e, no tocante aos recursos de autoridade, o desenvolvimento dos meios de vigilância [...]. As pessoas cujas capacidades se reforçam pelo aumento do distanciamento não vão, de maneira voluntária, aceitar uma evolução que levaria na direção de níveis mais baixos [...].

Naturalmente, pode ser que outros atores desejem ver o nível de distanciamento reduzir-se. No entanto, é pouco provável que isso ocorra pelos recursos de alocação [...]. Isso levaria a aumentar a parte do trabalho na produção, ou a limitar o consumo. Nada nas análises de Giddens permite pensar que poderia ser de outra forma.

A situação, no entanto, parece muito diferente quanto ao distanciamento espaçotemporal dos recursos de autoridade. Aqui podemos identificar facilmente atores sociais, frequentemente dotados de capacidades de luta importantes, que veiculam interesses que vão no sentido da redução do distanciamento espaçotemporal global dos recursos de autoridade. Com efeito, capacidades de vigilância intensificadas aparecem frequentemente como ameaças aos olhos de categorias sociais específicas [...]. Parece que, ao menos para essa dimensão, a abordagem de Giddens não é evolucionista.

Mesmo aqui, no entanto, penso que a análise de Giddens permanece evolucionista em sua orientação. Embora haja atores que lutam em prol da perspectiva da extensão ou da manutenção *versus* aquela da limitação do distanciamento espaçotemporal dos recursos de autoridade, constatar-se-á o mais frequentemente que os interessados na extensão ou na manutenção serão os mais poderosos e disporão, portanto, de uma maior capacidade de traduzir seus interesses em realização [...].

Se essa reconstituição do argumento de Giddens for correta, o que faz a novidade não é tanto que ele seja necessariamente antievolucionista (embora seja antiteleológico), mas que ele propõe uma dupla lógica para compreender a evolução [...]: em relação, de um lado, aos recursos de alocação, e, de outro, aos recursos de autoridade. Enunciada em termos mais convencionais – que Giddens recusaria provavelmente –, a evolução social é a resultante de dinâmicas autônomas de evoluções inscritas simultaneamente nas estruturas políticas e econômicas."

Fonte: Wright, 1989, p. 96-98.

As relações intersociais e o papel dos atores

O segundo traço que caracteriza o pensamento evolucionista é que ele considera a mudança das sociedades como um processo endógeno. Giddens fala aqui mais precisamente do modelo de "autodesdobramento" (*unfolding*) que trata a mudança social como "a emergência progressiva dos traços que um tipo particular de sociedade é julgada ter em si mesma desde a sua origem" [*CPST*, p. 223]. Encontramos aqui empréstimos da biologia: assim como o fazem à sua maneira as teorias funcionalistas, as concepções evolucionistas assemelham de bom grado as sociedades a organismos que contêm em si mesmos as potencialidades que lhes permitem garantir o próprio crescimento. As condições externas obviamente podem acelerar ou retardar esse processo, mas elas não agem fundamentalmente na orientação deste.

Segundo Giddens, a explicação da mudança deve dar muito mais importância à coexistência, num mesmo momento da história, de diferentes tipos de sociedades e às relações econômicas, políticas e/ou ainda militares mantidas entre si. A esse propósito Giddens elabora vários conceitos, dentre os quais o de "borda espaçotemporal" (*time-space edge*), através do qual ele designa os contatos e as formas de interdependência que existem durante um determinado período entre vários tipos de sociedades, nos quais ele vê fatores de transformação fundamentais. Podemos tomar como exemplo os contatos que existiram ao longo da colonização entre determinadas sociedades tribais (ou algumas civilizações não industriais) do Sul e as sociedades de classes europeias; essas relações explicam grande parte das transformações havidas entre elas.

O terceiro traço que caracteriza a concepção evolucionista da mudança das sociedades é que ela antecipa – como também o faz o evolucionismo – pretensas "necessidades" ou "mecanismos", ou ainda "leis" que caracterizam as sociedades enquanto tais, independentemente dos atores que as constituem. É o caso do mecanismo de adaptação, ou ainda do mecanismo da seleção natural, que reenviam, tanto um quanto outro, à biologia.

Assim procedendo, as teorias evolucionistas passam sob o silêncio o fato de que, como o indica Marx –, nesse ponto Marx assume o contrapé do evolucionismo –, "os seres humanos fazem sua própria história"

[*CS*, p. 303]. O evolucionismo negligencia particularmente as componentes de *reflexividade* e de *poder* propostas pela Teoria da Estruturação. A reflexividade está sempre agindo no processo de transformação das sociedades. Por exemplo: as relações diplomáticas entre os estados são um processo altamente reflexivo. Em um nível completamente diferente, observa Giddens, os fatores de tipo demográfico, por exemplo, o aumento ou a diminuição da natalidade, só podem ser compreendidos em relação às ações refletidas dos indivíduos. O poder também está presente nos processos de mudança, por exemplo, quando nos referimos às relações de classes ou às relações militares entre os estados. De acordo com os princípios da Teoria da Estruturação, Giddens vê, portanto, a mudança das sociedades como um processo de reprodução/produção de instituições de longa duração, em razão das ações conduzidas pelos indivíduos. Ele assume aqui, de novo, o exemplo da linguagem: "O intercâmbio de palavras mais habitual implica os interlocutores na história da linguagem a longo prazo: uma história na qual os termos são formados e na qual, ao mesmo tempo, a linguagem é continuamente reproduzida" [*CCHM*, p. 20].

A concepção da mudança das sociedades pregada por Giddens nos parece, portanto, uma concepção aberta, esse termo podendo ser empregado em três sentidos. É aberta primeiramente porque ela se recusa a propor um único fator, integrando assim vários, cujo peso varia em função das situações. É aberta em segundo lugar à medida que ela critica as abordagens endógenas e insiste na importância das determinantes externas. É aberta, enfim, no sentido que ela integra o papel dos atores, sua reflexividade e seu poder.

III | As instituições da Modernidade

Nos escritos da década de 1990, Giddens continua explorando as características daquilo que anteriormente ele denominou sociedade de classes. Doravante ele fala em "Modernidade", um termo quase sinônimo, pelo qual designa os "modos de vida ou de organização social surgidos na Europa por volta do século XVII, e que progressivamente exerceram uma influência mais ou menos planetária" [*CM*, p. 11]. A Modernidade prossegue até os nossos dias, mesmo se, a partir da década de 1960, assistimos a novas transformações importantes que fazem as sociedades entrar na fase da "Modernidade radical", que até hoje continua, e que analisaremos no capítulo IV.

A passagem da sociedade tradicional para a Modernidade repousa sobre várias condições: a relação distanciada no tocante ao espaço e ao tempo, que permite extrair as relações sociais dos lugares onde as interações se desenrolam, assim como um tipo particular de reflexividade, que, para o indivíduo moderno, consiste em revisar continuamente suas práticas à luz de novas informações. Trata-se das "fontes de dinamismo da

Modernidade": "Sem elas, a demarcação da Modernidade em relação às ordens tradicionais não podia sobrevir de uma maneira tão radical, tão rápida e numa escala tão mundial" [*CM*, p. 69]. Não abordaremos esses fenômenos aqui (a relação entre espaço e tempo foi tratada no capítulo precedente; a reflexividade específica à Modernidade será examinada no capítulo IV). Esforçar-nos-emos, antes, em descrever o que poderíamos chamar de paisagem institucional da Modernidade. Uma paisagem variada, que Giddens largamente visitou quando de sua confrontação com os clássicos da sociologia (cf. capítulo I). Como ensinamento que disso ele tira é que a Modernidade implica quatro conjuntos de instituições: o capitalismo, o industrialismo, a vigilância e o poderio militar; elas são representadas na figura quatro [*CM*, p. 65].

Figura 4 As quatro dimensões institucionais da Modernidade

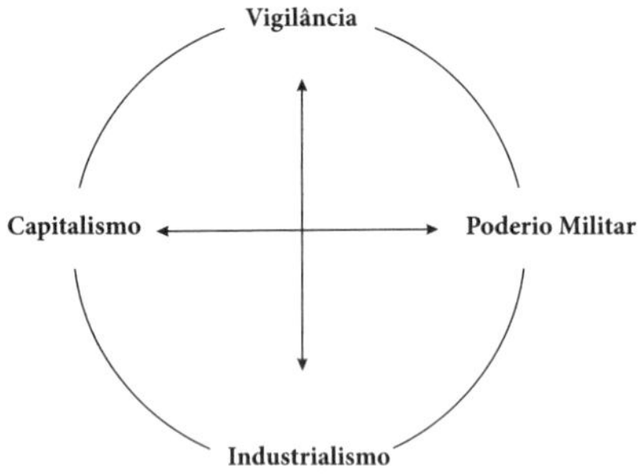

A reflexão sobre as questões é sistematizada na obra *Les conséquences de la modernité* [1990/1994], mas a análise já havia começado em vários textos dos anos de 1980, em particular em *A Contemporary Critique of Historical Materialism* [1981], *La Constitution de la société* [1984/2005], ou ainda na *The Nation-State and Violence*

[1987]. Sobre o capitalismo e as relações de classes, Giddens havia iniciado sua reflexão bem antes, notadamente com as obras *Capitalism and Modern Social Theory* [1971], *The Class Structure of the Advanced Societies* [1973], *Sociology – A Brief but Critical Introduction* [1982], assim como *Profiles and Critiques in Social Theory* [1982].

As quatro dimensões da Modernidade, que convém inicialmente descrever separadamente (primeira seção), conservam vínculos estreitos entre si (segunda seção); elas constituem tanto os sistemas de dominação quanto suscitam os contrapoderes que permitem a forma de movimentos sociais (terceira seção).

As quatro dimensões da Modernidade

O capitalismo

A partir da leitura que Giddens faz da obra de Marx, ele caracteriza o capitalismo por vários traços. Em primeiro lugar: a produção dos bens no capitalismo é comandada pela busca do lucro. Em segundo lugar: essa produção repousa sobre uma relação de exploração entre, de um lado, os atores que detêm a propriedade privada dos meios de produção e, de outro, uma mão de obra que deve vender sua força de trabalho para ganhar sua vida e garantir sua subsistência; essa relação constitui o eixo central de um sistema de relações de classes. Em terceiro lugar: a esfera da economia é relativamente distinta das outras esferas da vida social, em particular da esfera do político e, portanto, da ação do Estado; este último, no entanto, depende da prosperidade das empresas para garantir suas arrecadações via impostos.

Giddens se interessa principalmente pelos dois últimos traços. Ele refletiu longamente sobre a questão das relações de classes. Essas relações são específicas à sociedade capitalista, e, portanto, à Modernidade: obviamente, nas sociedades anteriores observamos desigualdades importantes de poder e de riqueza e, portanto, de certa maneira, diferenças de classes; entretanto, não podemos falar de *exploração* de uma classe por outra. Efetivamente, o tipo de trabalho exercido pela classe trabalhadora não é determinado pela classe dirigente. Nas civilizações não industriais, a classe trabalhadora é formada essencialmente de agricultores, e estes controlam largamente o seu trabalho, mesmo se devam entregar à classe dirigente uma parte de sua colheita ou do dinheiro que esta lhes proporciona. É somente em alguns casos limitados (construção de fortificações ou de templos, exploração de minas, operações militares etc.) que a classe dirigente intervém diretamente no conteúdo das atividades da classe trabalhadora. Diferentemente ocorre com o advento do capitalismo, que priva os trabalhadores do controle dos meios de produção. Estes estão nas mãos da classe dirigente, que organiza a produção e controla o processo de trabalho. Na sociedade capitalista "o trabalhador tem necessidade de um empregador para conquistar seus meios de subsistência, assim como o empregador necessita de uma força de trabalho para garantir a produção [...]. Isso implica a intrusão das relações de classes no coração mesmo da atividade produtiva" [*CCHM*, p. 130].

As relações de classes conhecerão ao longo dos séculos XIX e XX mudanças importantes, tema presente nos escritos de Giddens desde a década de 1970. De que forma a concentração econômica – que se caracteriza pelo controle acentuado da produção pelas grandes sociedades transnacionais – tem um impacto sobre as relações de classes? Seria correto, em particular, considerar que o desenvolvimento das grandes sociedades operou uma fragmentação da classe dirigente: ao lado dos proprietários, doravante haveria os grupo dos gestores, mais interessados pela estabilidade da firma do que pelo lucro que ela realiza? O que pensar da tese da "institucionalização das relações de classes", segundo a qual as classes trabalhadoras se teriam progressivamente integrado ao sistema capitalista, ao invés de transformá-lo em profundidade? Como as relações de classes se modificam com o desenvolvimento das atividades de serviço, ou com a extensão das novas tecnologias da informação e da comunicação etc.? Eis algumas das questões que concernem às relações de classes e à sua evolução.

Giddens insiste em outra especificidade do capitalismo: no fato de que nele a esfera econômica é distinta das outras esferas da vida social, em particular da política. Na maioria das sociedades não capitalistas "os membros da classe dirigente são também os funcionários do Estado. Estado e classe dominante formam, portanto, uma única e mesma realidade. Esse não é o caso numa sociedade capitalista. Os membros da classe dominante, ou seja, os responsáveis pelas empresas e pela indústria, podem obviamente fazer parte do governo da sociedade; entretanto, para o essencial, o *leadership* das empresas e a direção do Estado são institucionalmente distintos" [*SBCI*, p. 76]. Na sociedade capitalista, o Estado, portanto, é autônomo em relação às empresas. No entanto, segundo a expressão que Giddens empresta do filósofo marxista francês Nicos Poulantzas, essa autonomia é *relativa* à medida que "o Estado é dependente, nas suas arrecadações, do bom funcionamento das empresas; ele não pode sobreviver se as empresas não alcançam um determinado nível de prosperidade. Ora, essas empresas não são controladas por ele; esse controle é reservado à classe capitalista. A autonomia dos responsáveis pelo Estado, portanto, é fortemente limitada pela dependência na qual esses responsáveis se encontram em relação às empresas capitalistas" [*SBCI*, p. 76-77].

O industrialismo

A segunda dimensão da Modernidade diz respeito à produção industrial dos bens, da forma como ela é comandada pelo desenvolvimento das ciências e das técnicas. Ela consiste em recorrer a fontes de energia como o carvão, o petróleo, a eletricidade etc., para produzir bens em larga escala através do uso das máquinas, e, desde um período mais recente, pelo uso das tecnologias da informação e da comunicação. Além da produção dos bens, o industrialismo contempla também os transportes, as comunicações, assim como a vida doméstica, e notadamente o *habitat*, os utensílios domésticos etc.

O industrialismo progressivamente transformou nosso entorno natural, sem qualquer comparação com o que se observa nas sociedades não industriais. Assim, no início da industrialização, transferências significativas de populações ocorreram em direção aos locais de trabalho, próximos dos quais tais populações passaram a habitar.

As cidades se desenvolveram antes que o *habitat* se estendesse para as zonas outrora denominadas campos; em consequência, a distinção cidade/campo progressivamente estancou-se. Podemos acrescentar a essas mudanças ligadas ao *habitat* as transformações do entorno causadas diretamente pelo desenvolvimento da indústria e dos serviços: construção de empresas, de escritórios etc., sem falar de um tipo de agricultura que recorre à mecanização e ao uso de produtos químicos. Enfim, urge sublinhar as transformações ligadas ao desenvolvimento dos meios de transporte dos produtos e das pessoas (rodovias, vias férreas, aviação etc.). Em suma, "existem poucos aspectos de nosso entorno material que não tenham sido, de uma maneira ou de outra, afetados pela intervenção humana". Nesse sentido, vivemos hoje "o fim da natureza" [*RW*, p. 27].

Inspirando-se largamente em trabalhos do sociólogo alemão Ulrich Beck e, em particular, em sua obra *La société du risque* [1986/2002], Giddens mostra que o desenvolvimento do industrialismo tem um impacto profundo sobre o tipo de riscos aos quais somos confrontados: enquanto outrora nos confrontávamos com "riscos externos", hoje nos deparamos com "riscos fabricados". Os primeiros vinculam-se às ameaças que a natureza faz pesar sobre nossas atividades ou sobre nossas existências: as fomes, as inundações etc. Giddens desenvolve particularmente o exemplo dos perigos enfrentados pelos marinheiros que fazem longas travessias: são riscos que levaram à criação dos sistemas de segurança ao longo do século XVIII. Quanto aos riscos fabricados (*manufactured*), eles vinculam-se às consequências das ações que praticamos em relação à natureza. Os riscos relativos ao meio ambiente pertencem a essa categoria: risco de irradiação nuclear, riscos ligados ao aquecimento do planeta, ao desenvolvimento das OGM etc. Esses riscos são inéditos: nunca passamos previamente por essa experiência; por isso é difícil estimar sua amplitude e até mesmo compreender sua natureza. Portanto, também é difícil de enfrentá-los, tanto do ponto de vista dos poderes públicos quanto em termos individuais. Com o progresso do industrialismo, os riscos fabricados progressivamente se sobrepuseram aos riscos externos, o que significa que "começamos a nos preocupar menos com o que a natureza nos faz e mais com o que fazemos à natureza" [*RW*, p. 26].

As dimensões sociais e políticas dos riscos contemporâneos, segundo Ulrich Beck

Na obra *La Société du risque,* Beck se interessa pela "arquitetura social e pela dinâmica política" das ameaças às quais são confrontadas nossas sociedades contemporâneas. Ele propõe as cinco teses abaixo.

"1) Os riscos gerados no estágio mais avançado do desenvolvimento das forças produtivas [...] provocam sistematicamente prejuízos, frequentemente *irreversíveis*; eles permanecem a maior parte do tempo *invisíveis*, requerem *interpretações causais*, situando-se, pois, somente e exclusivamente no domínio do *conhecimento* (científico ou antes anticientífico) que temos deles; eles podem ser transformados, reduzidos ou aumentados, dramatizados ou banalizados pelo conhecimento, e *se prestam*, pois, de forma particular, *aos processos de definição social* [...].

2) A divisão e o aumento dos riscos geram *situações sociais de ameaça*. Elas recobrem particularmente a desigualdade das situações de camadas ou de classes, mas propiciam uma lógica de divisão fundamentalmente diferente: cedo ou tarde, os riscos ligados à modernização também atingem os que os produzem ou os que deles se aproveitam. Estes últimos receptam um *efeito boomerang* que ultrapassa o esquema da sociedade de

classes. Os ricos e os poderosos não são mais preservados deles [...]. Ao mesmo tempo, de um lado os riscos produzem *novas desigualdades internacionais* entre o Terceiro Mundo e os países industrializados e, de outro, entre os países industrializados. Esses riscos minam o edifício de competências do Estado-nação [...].

3) Entretanto, a difusão e a comercialização dos riscos de forma alguma rompem com a lógica de desenvolvimento capitalista: elas a elevam, antes, a um grau mais alto. Os riscos ligados à modernização dependem do *big business*. Trata-se dessas necessidades insaciáveis buscadas pelos economistas [...]. Os riscos ligados à civilização constituem um *reservatório de necessidades* sem fundo, insaciável, eterno, que se autoproduz [...].

4) Podemos *possuir* riquezas, mas somos *atingidos* pelos riscos; é a civilização que os *destina*. Para resumir isso numa fórmula esquemática: nas situações de classes ou de camadas sociais é o ser que determina a consciência, ao passo que nas situações de ameaça é a consciência que determina o ser. Uma importância política é devolvida ao conhecimento [...].

5) Os riscos socialmente reconhecidos receptam uma singular carga explosiva: aquilo que até então *era considerado apolítico torna-se político – a eliminação das 'causas' no próprio cerne do processo de industrialização* [...]. Na sociedade do risco desenha-se assim [...] o *potencial político das catástrofes*. Premunir-se delas e geri-las, eis o que pode implicar uma reorganização do poder e das atribuições. A sociedade do risco é uma sociedade *da catástrofe*. Nela o estado de exceção ameaça tornar-se um estado normal."

Fonte: Beck, 1986/2002, p. 41-43.

A vigilância

As sociedades modernas, com sua dupla componente capitalista e industrial, se desenvolveram no quadro dos estados-nação. Uma das características maiores desse tipo de Estado é dispor de meios de vigilância muito desenvolvidos (cf. capítulo III). É a terceira dimensão institucional da Modernidade, que Giddens analisa na sequência dos trabalhos de Weber e de Foucault. A capacidade de vigilância dos estados repousa sobre seu aparelho legislativo e regulamentar, mas também sobre a massa de dados acumulados concernentes aos indivíduos. Estes permitem uma vigilância relativa a um grande número de domínios da existência, uma vigilância que frequentemente chega aos detalhes de suas vidas cotidianas. Esses controles centralizados se combinam com formas de supervisão direta às quais os indivíduos são submetidos em diferentes lugares, às vezes por longos períodos, em particular nas prisões, nos manicômios psiquiátricos, mas também nas empresas. É notadamente nesse contexto que urge recolocar as técnicas modernas de administração dos homens.

Essa dupla vigilância pode ser exercida em perspectivas políticas muito diferentes. Ela pode combinar-se com o desenvolvimento dos direitos dos cidadãos no quadro do Estado-providência. Assim, os direitos ao seguro-desemprego, ou aos cuidados da saúde, exigem que sejam registrados dados muito detalhados relativos às atividades dos indivíduos. Inversamente, a vigilância pode ser utilizada numa perspectiva política autoritária, com o objetivo de reduzir esses direitos e liberdades. Aqui entramos na questão do totalitarismo. Esse fenômeno constitui uma tendência que espreita os estados modernos. O totalitarismo só é concebido efetivamente nas sociedades nas quais o Estado chega a penetrar as atividades cotidianas dos cidadãos. Ele combina as técnicas de vigilância aproximadas, típicas dos estados modernos, com o uso dos meios militares – quarta dimensão institucional da Modernidade – voltado não para o exterior, mas para o interior da sociedade.

O poderio militar

Paralelamente ao desenvolvimento da vigilância interna, os estados modernos adquiriram o monopólio da violência externa e, portanto, da guerra. Esse não era o caso dos estados tradicionais que, no domínio militar, frequentemente dependiam dos príncipes locais que lhes estendiam a "mão forte", mas que também podiam, em determinadas circunstâncias, voltar-se contra eles. As instituições militares formam assim a quarta dimensão constitutiva da Modernidade. Giddens tem consciência de que essa tese não é compartilhada pela comunidade dos sociólogos: é raro, observa ele, que os tratados de sociologia concedam um lugar importante à questão das instituições militares e da guerra. Sem dúvida, estima nosso autor, isso vincula-se ao fato de que a tradição sociológica, seja ela liberal ou marxista, considera o capitalismo e o industrialismo como forças essencialmente pacíficas. Efetivamente, ao longo do século XIX, como vimos, na Europa, as forças militares se libertaram das questões internas dos estados, o que ocasionou uma separação entre a polícia, de um lado, e o exército, de outro. No entanto, isso não significou o fim das guerras. Ao contrário, os recursos militares se desenvolveram e se orientaram para o exterior, em direção a outros estados.

A guerra, o "taylorismo", a disciplina e os uniformes

Giddens detalha as diversas mudanças organizacionais que resultam das transformações na maneira de fazer a guerra.

"É em larga medida na esfera militar, como Munford particularmente no-lo lembrou, que o poder administrativo em seu sentido moderno foi experimentado [...]. Maurício [de Nassau, príncipe de Orange] introduziu assim duas mudanças administrativas que encontraremos mais tarde em todas as organizações burocratizadas: a formação de um corpo de peritos que detém o conhecimento exclusivo de determinadas técnicas administrativas essenciais e a criação simultânea de uma população 'desqualificada' de soldados ordinários [...]. As técnicas do taylorismo se espalharam assim na esfera das forças armadas várias centenas de anos antes que elas fossem identificadas na esfera da produção com o selo em questão [...]. Como Taylor o fez muito mais tarde, Maurício divide os aspectos técnicos do trabalho do soldado em sequências específicas e regulares de atos simples [...]. Exigia-se que os soldados se exercitassem nessas sequências até estarem à altura de seguir automaticamente os procedimentos 'corretos'. Antes que ser equiparados à 'artesãos', qualificados no uso das armas, os recrutas precisavam exercer-se para adquirir a familiaridade necessária com o equipamento militar que manuseavam [...].

Sob o impacto dessa mutação administrativa, profundas mudanças se produziram na natureza das forças armadas e no comportamento nos campos de batalha [...]. O sentido moderno de termos como 'uniforme' ou 'disciplina' data dessa época. O primeiro termo era inicialmente um adjetivo e tornou-se um substantivo a partir do momento em que o fato de usar vestes padronizadas tornou-se a norma nos exércitos [...]. O termo 'disciplina', que era anteriormente usado para designar a propriedade de alguém que seguia uma série de ensinamentos, passou a designar, sob a influência dos treinamentos militares [...], o resultado final desses ensinamentos. Nas novas formas de batalhas, as proezas pessoais e o heroísmo perderam muito de sua importância, mostrando assim que a transição do espetáculo ao anonimato, que Foucault situa naquilo que concerne aos castigos, não deve ser unicamente associada à prisão. Os quartéis, aliás, surgiram em estreita associação com o uniforme e a disciplina militares."

Fonte: Giddens. *NSV*, p. 113-115.

A existência de instituições militares, bem como a preparação e a condução da guerra, tiveram enormes repercussões nas sociedades modernas. Evoquemos primeiramente as repercussões da guerra sobre o funcionamento das organizações. À época da formação dos estados-nação europeus, a condução da guerra foi impondo problemas cada vez maiores, notadamente em razão do aumento do tamanho dos exércitos e da complexidade acentuada do armamento. Essas dificuldades levaram à criação das escolas militares, que garantiam uma formação sistemática dos oficiais e dos soldados. Os peritos militares da época analisavam as tarefas das pessoas que faziam parte do exército; estas eram divididas em sequências de gestos simples, aos quais os soldados deviam se exercer de maneira sistemática. Segundo Giddens, em forma de organização do trabalho, "o exército exerceu um papel precursor, influenciando ao mesmo tempo o aparelho do Estado e as outras organizações, inclusive as empresas" [*NSV*, p. 113].

Outra influência da guerra diz respeito à cidadania. O alistamento em massa dos homens nos exércitos europeus ao longo das duas grandes guerras mundiais foi um momento crucial na criação do sentimento nacional e na progressão dos direitos cívicos. O início do século XX, aliás, viu o grande direito ao voto expandir-se em vários estados europeus. O engajamento massivo dos homens no exército, de um lado, e os direitos cívicos, de outro, constituem, de alguma forma, as duas faces de uma mesma moeda.

Os vínculos entre as dimensões institucionais

Giddens considera que as quatro dimensões institucionais da Modernidade interagem entre si. Em particular, ele dedica muita atenção à interação da dimensão "poderio militar" com a dimensão "industrialismo" ou "produção industrial". O que ele denomina "industrialização da guerra" constitui, a seu ver, um fenômeno multiforme, que nasceu no século XIX, se desenvolveu e culminou no século XX. Fundamentalmente ele consiste em aplicar as técnicas industriais tanto à produção de armamento quanto à ajustagem de meios de transporte das armas e das tropas, bem como aos meios de comunicação tornados necessários à condução da guerra.

Isso é ilustrado pela questão dos transportes. O desenvolvimento das ferrovias em vários países europeus em meados do século XIX mudou fundamentalmente a condução da guerra: "Mais do que constituir-se numa inovação dentre outras, doravante as ferrovias tornam possível a guerra de massa. O desenvolvimento da ferrovia entre 1840 e 1870 pôs fim às longas marchas em direção aos campos de batalha e criou os *fronts*, substituindo assim a combinação tradicional das escaramuças e da batalha. Os sistemas ferroviários inovadoramente criados serão concebidos em função de imperativos militares, obviamente numa proporção variável segundo os estados. O caso mais claro [...] é o da Prússia. Nesse país, a autoridade militar foi capaz de exercer uma influência considerável na construção e no traçado do sistema ferroviário nacional" [*NSV*, p. 224]. Análises similares podem ser feitas, no mesmo período, para a questão do transporte marítimo (em particular o desenvolvimento dos barcos a vapor, sua construção antes em metal do que em madeira etc.), assim como, ao longo do século XX, para o transporte aéreo. De maneira igualmente clara, a combinação entre o industrialismo e a guerra se distingue, à mesma época, na concepção e na produção em grande escala de armamentos novos: metralhadoras, carros de combate etc.

Essa industrialização da guerra diz respeito não somente às empresas privadas, mas também às autoridades públicas, notadamente através de programas de pesquisa no domínio do transporte militar e dos armamentos implementados por vários estados europeus e pelos Estados Unidos, desde o final do século XIX. A preparação da bomba atômica e seu espantoso poder de destruição por estes últimos devem ser compreendidos nesse quadro. Essas pesquisas feitas com fins militares tiveram repercussões consideráveis no domínio civil. Giddens sustenta, na obra *The State-Nation and Violence*, que "várias inovações tecnológicas importantes que afetaram a vida social e econômica dos quatro últimos decênios encontram sua origem no contexto da guerra, ou resultam de desenvolvimentos tecnológicos inicialmente associados à construção de armas. É preciso incluir aqui o progresso da aviação civil assim como determinados aspectos das telecomunicações e das tecnologias da informação" [*NSV*, p. 242].

Situando-se em seguida no nível das relações entre os estados, Giddens insiste na importância, na história dos séculos XIX e XX – e em particular na história da colonização –, da defasagem existente, em matéria de armamentos, entre os países ocidentais e os países do Sul. Encontramos aqui a tese da dimensão propriamente militar da ordem mundial contemporânea, ao lado de suas dimensões política e econômica.

A industrialização da guerra constitui uma das interações maiores que existe entre as dimensões da Modernidade, e que podemos situar no quadrante inferior direito da figura 4, anteriormente apresentada. Outra interação é o fato do totalitarismo como combinação entre, de um lado, um alto nível de vigilância e, de outro, a utilização das forças armadas no interior da própria sociedade (quadrante superior direito da mesma figura 4).

Giddens retoma várias vezes em suas obras uma terceira interação. Tendo descrito os meios de vigilância pacíficos postos em prática pelos estados-nação, ele mostra que essa pacificação interna permitiu aos capitalistas controlar os trabalhadores de maneira totalmente inédita: pelo contrato de trabalho (quadrante superior esquerdo da figura 4). Uma de suas especificidades é a de esconder a exploração capitalista sob uma forma ao mesmo tempo jurídica (o contrato) e econômica (a relação entre oferta e procura no mercado de trabalho). Outra especificidade do contrato de trabalho é que ele confia uma parte importante do controle social aos atores não estatais, a saber, aos proprietários privados dos meios de produção. Desse ponto de vista, o contrato de trabalho forma a base de uma das características da sociedade capitalista sublinhada mais acima: a separação entre, de um lado, a esfera da economia, controlada muito largamente por atores privados e, de outro, a esfera da política e do Estado.

Giddens evoca ainda outras interações. Dessa forma, ele mostra que o capitalismo oferece a base econômica sobre a qual o industrialismo pode se desenvolver (quadrante inferior esquerdo da figura 4) etc.

Quatro tipos de movimentos sociais

Segundo os princípios e os conceitos da Teoria da Estruturação, é necessário compreender as quatro dimensões institucionais da Modernidade como tantas outras constelações de práticas produzidas e reproduzidas pelos atores. Nessa (re)produção intervêm fenômenos de poder e, em particular, de dominação: cada uma das instituições coloca em cena atores – a classe dirigente para o capitalismo, o Estado para a vigilância etc. – que controlam recursos específicos, ora de alocação (as fábricas, o capital financeiro etc.), ora de autoridade (as informações escritas ou informatizadas, as leis e regulamentações etc.) e as colocam em prática numa relação de poder fundamentalmente desigual. Essa dominação, no entanto, não é absoluta: o poder suscita um contrapoder, dando espaço ao que Giddens denomina "dialética do controle".

No contexto da Modernidade, esse contrapoder e essa dialética do controle assumem a forma de movimentos sociais. Eles constituem um tipo particular de sistema social, definido como "formas de ação coletiva que tentam operar transformações importantes nalgumas das componentes da ordem que prevalece numa sociedade" [*SBCI*, p. 87]. Giddens sugere que quatro tipos de movimentos sociais têm respectivamente como arena privilegiada cada uma das quatro componentes institucionais da Modernidade. Isso é representado pela figura 5 [*CM*, p. 165], que de alguma forma precisamos sobrepor à figura 4.

Figura 5 Os tipos de movimentos sociais

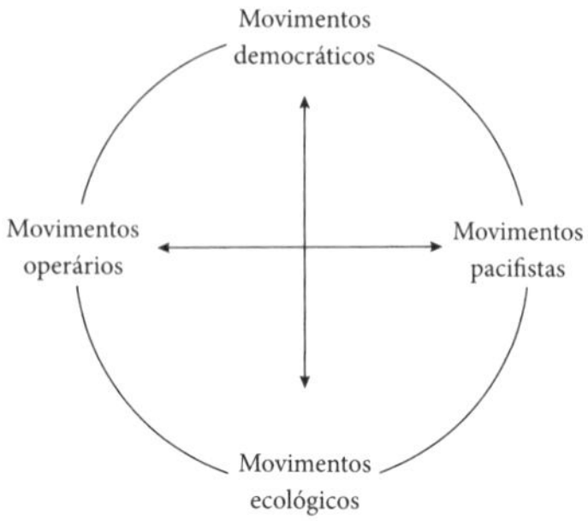

Dessa forma, os movimentos operários têm por arena o capitalismo; eles buscam transformar as relações de classes das quais o capitalismo é portador. Os movimentos pela liberdade de expressão, pelos direitos cívicos etc. têm por campo de intervenção a vigilância exercida pelo Estado. Os movimentos pacifistas têm por arena a violência exercida no quadro dos conflitos de guerra, em particular a ameaça que representam as armas nucleares. Quanto aos movimentos ecológicos, eles se aferram à dimensão do industrialismo, e na articulação daquilo que mais acima denominamos "meio ambiente criado".

Obviamente, é necessário falar a cada vez de arena *privilegiada*. Como o mostramos acima, as dimensões institucionais da Modernidade interagem entre si. Portanto, é lógico que também os movimentos sociais atravessem as fronteiras das instituições e que, por exemplo, o movimento operário seja igualmente portador de reivindicações relativas à organização da produção (dimensão industrialismo), ou à liberdade de expressão dos trabalhadores (dimensão vigilância). Disso resulta que os diferentes movimentos têm muito naturalmente vínculos uns com os outros, mas também estando em tensão, à medida que enfrentam sistemas de dominação em parte distintos, que encontram sua origem em períodos diferentes da história da Modernidade.

Segundo Giddens, é igualmente necessário admitir que essa tipologia está longe de ser exaustiva. Por exemplo, ela não permite situar com precisão os movimentos feministas. Talvez – mas Giddens não evoca essa razão – porque a dominação de sexo não seja específica à Modernidade.

IV | Globalização, experiência íntima e política

Dentre as obras mais recentes de Giddens, várias se referem a mudanças importantes que nossas sociedades conheceram desde a década de 1960, mudanças que ele designa pelos termos "Globalização" ou "Modernidade tardia" (*late modern age*), ou ainda "Modernidade radical". Trata-se, em particular, de obras como *Les conséquences de la modernité* [1990/2004], *Modernity and Self-Identity* [1991], bem como o artigo "Living in a post-traditional society" [1994]. Em relação às questões tratadas nos capítulos precedentes, esses escritos operam um duplo deslocamento. Eles delimitam mais o período estudado: não mais a história longa da Modernidade, mas a história recente, relativamente breve, de sua radicalização. Eles deslocam parcialmente o objeto de estudo: doravante Giddens se interessa menos pelas questões macrossociais (relações de classes, formas do Estado etc.) e mais pelas que tocam a experiência cotidiana dos indivíduos (relação com o corpo, relações íntimas, identidade etc.).

Neste capítulo mostraremos em que consiste esse processo de radicalização da Modernidade (primeira seção);

descreveremos em seguida como ele se manifesta no nível da experiência cotidiana dos indivíduos (segunda seção); enfim, examinaremos os aportes de Giddens no domínio da política, aportes que ele vincula às mudanças das quais tratará esse capítulo (terceira seção).

A globalização e o recuo da tradição

Giddens concorda com um bom número de técnicos das ciências sociais para considerar que vivemos, desde a década de 1960, mudanças importantes e rápidas, que não se limitam aos países ocidentais, mas que atingem todas as sociedades do planeta. Essas mudanças são designadas pelas expressões "sociedade pós-industrial" [BELL, 1974], ou "Pós-modernidade" [LYOTARD, 1983]. Vários desses termos evocam descontinuidades, rupturas. Giddens, ao contrário, propõe uma interpretação que insiste na continuidade, antecipando a intensificação das influências que ele já havia identificado como constitutivas da Modernidade, e que têm relação com o espaço e com o tempo.

O desencantamento das relações sociais

Vivemos em um mundo em que o espaço das relações se torna planetário e em que, portanto, as influências também se exercem em igual escala. Acontecimentos que ocorrem em um canto do planeta podem ser condicionados por outros que se desenvolvem a centenas ou a milhares de quilômetros de distância. Os casos mais evidentes pertencem ao domínio da economia, quando, por exemplo, uma região industrial de um país emergente conhece uma prosperidade crescente, em detrimento de uma região de industrialização mais antiga, onde o custo dos fatores de produção é mais elevado. Giddens religa esse fenômeno de "alargamento do espaço" às mudanças que se produziram na economia mundial: extensão do comércio internacional e do intercâmbio de capitais, poder crescente das empresas multinacionais, mas também das ONGs, às vezes em detrimento dos estados-nação [*RW*, p. xiv-xvi, 8-10]. Mas ele também insiste no desenvolvimento das mídias, em particular da televisão e, mais recentemente, dos meios de comunicação eletrônicos que, pela primeira vez na história da humanidade, permitem os intercâmbios instantâneos de informações de um lugar a outro do planeta. Essas comunicações já não se fazem mais em sentido único, como foi o caso das primeiras fases da modernização, com a expansão econômica e militar do Ocidente; presentemente trata-se de intercâmbios multidirecionais.

A globalização e as práticas alimentares

Giddens quase não apresenta análises empíricas precisas que possam vir a validar essas considerações gerais relativas ao impacto da globalização sobre as relações e as práticas sociais. Para preencher essa lacuna, eis alguns dados que emanam de trabalhos relativos a um dos domínios implicados por essas hipóteses: o das práticas alimentares. Essas pesquisas empíricas mostram que, em matéria de alimentação, as influências vindas do estrangeiro são muito reais, mas que elas são relativamente antigas e, sobretudo, que elas se modulam em função dos hábitos nacionais, das posições sociais, ou ainda da idade dos consumidores.

"O exotismo [...] aparece no domínio culinário [...] no início do século XX, em pleno período de expansão colonial, que fez-se acompanhar de importantes fluxos de produtos alimentares na metrópole [...]. Desde o início do século XX, os produtos provindos das colônias se diversificaram em função do progresso nos transportes, e assim muitos frutos exóticos, outrora produtos de luxo, se tornaram hoje produtos de consumo corrente. Em seguida, alguns fluxos migratórios nutriram a atração pelas culinárias estrangeiras. Em primeiro lugar, os fluxos das populações de imigrantes [...]: o exotismo chinês em particular deve muito aos comércios e restaurantes asiáticos. Em seguida, os fluxos de turistas, poderoso motor de descoberta no estrangeiro de produtos e pratos exóticos [...].

O consumo do exotismo é socialmente diferenciado. Assim, as categorias abastadas, em busca de traços de distinção, se interessam mais e antes que as outras pelos exotismos longínquos e pouco conhecidos [...]; subsequentemente essas práticas se difundem nas outras categorias sociais [...]. O consumo da cozinha exótica está igualmente ligado ao ciclo da vida: os adolescentes, por exemplo, mostrando-se particularmente abertos ao exotismo como forma de experimentação culinária que lhes permite distinguir-se do consumo familiar e como uma maneira de tornar-se autônomos [...].

Enfim, se algumas cozinhas exóticas se difundem largamente no seio do processo de mundialização, nem por isso podemos concluir pela uniformização dos gostos: uma mesma cozinha estrangeira se presta a reapropriações diferentes segundo os países, em função das estruturas culinárias e dos gostos nacionais [...]. Nesse quadro, mundialização e apego às culturas culinárias locais não poderiam ser as duas fases de um mesmo processo?"

Fonte: Réginer et al., 2006, p. 80-81.

Esses diversos fatores "descolam" as relações sociais dos lugares em que as interações se desenrolam; eles as "desencastram" (*disembedding*) [*MSI*, p. 2]; eles colocam os indivíduos em contato com os outros, distantes geograficamente; eles os confrontam com maneiras de viver diferentes, o que provoca repercussões muito profundas em suas existências cotidianas.

Esse movimento de desencantamento das relações vai de par com o desenvolvimento dos "sistemas abstratos".

Essa expressão recobre duas coisas. Em primeiro lugar, os mecanismos de intercâmbio, como a moeda. Esta permite transações comerciais entre pessoas muito distantes entre si, que, nesse caso, jamais se encontrariam. Em segundo lugar, a maneira com a qual, em nossa vida cotidiana, nos apoiamos continuamente nos especialistas. Obviamente, estes nem sempre são "abstratos": ocorre-nos encontrá-los, por exemplo, quando visitamos nosso médico. Mas, o mais frequentemente, eles nos são distantes e jamais os vemos. Pensemos notadamente na confiança que depositamos permanentemente nos especialistas da indústria alimentícia para os produtos que consumimos, nas sociedades farmacêuticas para os medicamentos aos quais recorremos, nos arquitetos e empreendedores para as construções em que vivemos, nos engenheiros para os meios de transporte que utilizamos etc.

O recuo das tradições

Se, do ponto de vista da relação com o espaço, a Modernidade radical se caracteriza por um desencantamento do indivíduo em relação ao lugar em que se desenrolam as interações, do ponto de vista da relação com o tempo ela se caracteriza de maneira similar por uma libertação, por um desengajamento em relação à tradição.

Mas o que é a tradição? Giddens retorna a esse conceito já abordado por ele anteriormente (cf. capítulo II), para aprofundar sua significação. Ele enumera várias características. Em primeiro lugar, a repetição: o que faz uma tradição ser tradicional é que ela é retomada, repetida de maneira regular. A segunda característica é a presença de rituais que cercam essa repetição e que lhe dão um caráter sagrado. Em terceiro lugar, a tradição permite ao grupo transmitir sua experiência; ela constitui-se numa forma de memória coletiva. Em quarto lugar, a tradição engendra uma forma de certeza que quase não deixa espaço às alternativas, situando os fundamentos da ação humana fora dos indivíduos. Em quinto lugar, essas certezas da tradição são conservadas por "guardiães", que são os sábios, os moralistas, os sacerdotes etc., cuja tarefa é difundir e interpretar as verdades sagradas.

Em resumo, é o caráter repetitivo e ritual de certas práticas que as tornam tradicionais, assim como o tipo de verdade que lhes é associada. Aqui, portanto, não é a antiguidade das práticas que é determinante. Alguns sistemas de práticas – pensemos notadamente na aplicação da *charia* em alguns países muçulmanos (Arábia Saudita, Sudão etc.) – podem ser qualificados de tradicionais no sentido que acabamos de indicar e, no entanto, datar de apenas algumas dezenas de anos. Para ser qualificada de tradicional, uma prática deve ser completamente estável no tempo. As formas religiosas que acabamos de evocar conheceram efetivamente evoluções sensíveis.

Falar de recuo da tradição, de "destradicionalização", para qualificar o período que nos separa dos anos de 1960 pode parecer estranho: a luta contra as tradições não estaria no centro do projeto que, há vários séculos, se atribuíram os atores da Modernidade, quais sejam filósofos, cientistas, artistas etc.? Giddens admite que a Modernidade combateu a tradição, mas ele também é do parecer que esse combate só alcançou sucessos mitigados: se uma parte das tradições se modernizou, uma grande parte da vida social permaneceu tradicional, notadamente no tocante à vida familiar (educação das crianças, relações íntimas etc.). Algumas profissões também permaneceram marcadas pela tradição. Giddens assume o exemplo da vida acadêmica; poderíamos igualmente falar das profissões jurídicas, médicas, militares etc.

Além do mais, combatendo certas tradições, a Modernidade recriou outras. Giddens evoca aqui os ritos que se impuseram para celebrar as identidades nacionais (cerimônias e desfiles militares, estandartes, ritos que cercam os deslocamentos das autoridades públicas etc.). Outros autores analisaram os ritos que ocorrem nas empresas modernas e que têm a ver com os procedimentos de contratação, de promoções, aposentadorias, reuniões de informação, ou ainda festas [JARDEL & LORIDON, 2000].

Giddens considera que as ciências, que por sua vez são parte integrante da Modernidade, também recriaram tradições. Elas substituíram os dogmas por outras certezas, fundadas no conhecimento e nas observações. "O conhecimento científico era tido por suplantar a tradição, mas, de certa maneira, ela criou outra" [*RW*, p. 31].

Em resumo, o mundo moderno continuou penetrado por dois tipos de tradições: as que mergulham suas raízes nas sociedades antigas e as que a Modernidade criou. Na fase da Modernidade radical essas formas de tradição se reduzem a pó; sob o efeito da globalização elas se dissolvem. Elas não são mais referências dentre outras se oferecendo ao indivíduo. Este, por sua vez, não percebe mais sua experiência como sendo comandada por influências exteriores; doravante ela depende de suas escolhas pessoais. Com o processo de "destradicionalização", "a vida pessoal tornou-se um projeto aberto, cedendo espaço a novas exigências bem como a novas inquietações" [*TI*, p. 18].

Reflexividade e relações íntimas

Giddens utiliza o termo "reflexividade" para caracterizar a maneira com a qual o indivíduo se comporta no quadro da Modernidade radical (aliás, em certos textos, ele utiliza a expressão "Modernidade reflexiva" como sinônima de "Modernidade radical"). A noção tem aqui um sentido diferente do que ela tinha no quadro da Teoria da Estruturação (cf. cap. I). Lá, ela qualificava toda forma de prática social, não importando o contexto em que esta se desenrolava. Aqui, a reflexividade reenvia a um contexto particular, o da Modernidade radical, no qual o indivíduo é continuamente levado a escolher entre tal ou tal prática, entre tal ou tal projeto de vida, apoiando-se num grande número de informações, de referências, de "recursos reflexivos".

Os recursos reflexivos

Quais são esses recursos? Encontramos aqui os rituais tradicionais produzidos no quadro da família, do grupo religioso, da empresa, da esfera política, sobre os quais dissemos que tendiam a assumir seu caráter de certeza para tornarem-se recursos reflexivos dentre outros. Encontramos também os sistemas abstratos evocados mais acima, em particular o dos especialistas intervindo nos diferentes domínios, tanto no da alimentação ou da saúde quanto no da habitação ou em outros. Eles transformam suas análises, seus pareceres, seus conselhos *via* imprensa, revistas, programas de rádio e televisão, ou ainda *via* internet. Geralmente eles se apoiam no desenvolvimento das ciências. Estas, por sua vez, também conhecem evoluções, em razão da extensão da reflexividade. No quadro da Modernidade radical, os cientistas já não agem mais tanto em termos de guardiães das tradições. Seja no domínio das ciências humanas ou no das ciências naturais, eles já não colocam tanto em evidência a certeza dos saberes; em contrapartida, cada vez mais eles fazem referência ao princípio metodológico da dúvida. As tomadas de posições dos cientistas, portanto, estão sujeitas à revisão, em base às novas ideias ou na sequência de novas observações.

Giddens insiste no caráter divergente, e até mesmo contraditório, desses recursos reflexivos: pensemos nas divergências de visões quanto à eficácia das diferentes psicoterapias, nos debates relativos à maneira de curar determinados males físicos (como as dores nas costas), nos conflitos opondo os defensores dos diferentes tipos de regimes alimentares, ou ainda nas divergências entre psicólogos e pedagogos quanto à maneira de educar as crianças.

As escolhas reflexivas que os indivíduos são levados a fazer concernem de forma particular ao seu corpo. Este já não é mais um "dado" que se aceita como tal. Hoje prestamos uma atenção toda particular aos cuidados exigidos por nossa saúde corporal, assim como os exigidos por nossa aparência física. Nosso corpo é continuamente objeto de escolhas reflexivas. Em particular no que diz respeito à alimentação, através da prática generalizada dos regimes. Aliás, Giddens estende a noção de "regime" a outros comportamentos relativos ao corpo, como a sexualidade ou o vestuário. Todos esses domínios são objetos de escolhas reflexivas. A procriação, enfim, igualmente é objeto de decisões pessoais refletidas, em razão da extensão do controle da natalidade (ainda voltaremos a essa questão) e, mais recentemente, ao desenvolvimento das técnicas médicas de inseminação assistida.

A identidade pessoal

O desafio de todas essas escolhas relativas ao corpo (mas também a outros domínios da existência: habitação, transporte etc.) não é constituído exclusivamente de atos pontuais, separados uns dos outros. O indivíduo busca estabelecer uma coerência ou, se quisermos, uma *continuidade* entre suas diversas práticas sociais. Giddens fala aqui de "estilo de vida" para designar a preocupação permanente que o indivíduo tem de tornar harmoniosas as escolhas que ele faz, nos diferentes domínios que acabamos de evocar. Ele sublinha igualmente que o indivíduo se exprime a propósito dessa busca de coerência e de continuidade, sugeridas em forma de narrativas (*narratives*). Giddens evoca aqui a prática da autobiografia; também podemos supor que ele vise a outras formas de narrativas: como a manutenção de um diário pessoal, a narração feita por ocasião de intercâmbios com amigos, por ocasião de um trabalho terapêutico, no quadro de grupos previstos para debater tal ou tal tema que pessoalmente nos concerne (imaginamos os encontros dos Weight Watchers etc.), na elaboração de uma obra literária (poesia, romance etc.), ou, enfim, na própria manutenção de um blog.

Isso nos leva à noção de identidade pessoal (*self-identity*). Trata-se de um conceito que sintetiza, dentre outras, as três ideias que acabamos de desenvolver: 1) a da escolha reflexiva; 2) a da coerência e da continuidade; 3) a da narração, como o demonstram as definições e os comentários que seguem. "A identidade pessoal não se refere principalmente à persistência (do si) no tempo, no sentido através do qual os filósofos podem falar da 'identidade' dos objetos ou das coisas. A 'identidade' do si [...] pressupõe uma consciência reflexiva [...]. A identidade pessoal, em outros termos, não é algo dado, resultante simplesmente da continuidade que existe nos sistemas de ação do indivíduo; é algo que deve ser criado e sustentado de maneira rotineira pelas atividades reflexivas dos indivíduos [...]. A identidade pessoal não deve ser buscada nos comportamentos do indivíduo, nem – mesmo que isso tenha a sua importância – nas reações dos outros, mas na capacidade que o indivíduo tem de manter permanentemente uma narração" [*MSI*, p. 52-53, 54].

No quadro das obras apresentadas no início do capítulo, Giddens se interroga longamente sobre o lugar que assumem as relações íntimas na identidade pessoal dos indivíduos contemporâneos. Ele descreve as mudanças que interferem nessas relações, vinculando-as às transformações que a instituição familiar conheceu nesses dois últimos séculos.

A evolução da família

Na sociedade tradicional, a família era essencialmente uma unidade econômica. Junto às populações agrícolas, todos os membros eram associados à produção; na aristocracia, o casamento servia essencialmente para transmitir a propriedade. A desigualdade dos sexos era um dado fundamental da vida familiar. De um ponto de vista econômico, as mulheres eram propriedade dos homens – marido ou pai. No domínio sexual, uma dupla regra prevalecia: tolerância para as relações extraconjugais dos homens, exigência de fidelidade para as mulheres; tal regra tinha por função manter a continuidade da linhagem e, portanto, garantir a herança familiar. A sexualidade era comandada pela reprodução; a ausência de meios de contracepção eficazes tinha por consequência que uma parte importante da vida das mulheres era ocupada com a gravidez, com a maternidade, com o cuidado das crianças. A homossexualidade era condenada – ao menos na maioria das sociedades ocidentais – como uma perversão contrária à natureza.

Esse funcionamento das famílias nas sociedades tradicionais teve, no Ocidente, evoluções importantes no final do século XIX e no início do século XX. Elas levaram, nos anos de 1950, a uma "forma padronizada" que, segundo Giddens, serve hoje de referência aos defensores da "família tradicional". Atualmente a família não é mais, essencialmente, uma entidade econômica. Os progressos da industrialização separaram o lar da esfera do trabalho. A propagação dos ideais do amor romântico fez da vida privada um lugar de apoio emocional e de intercâmbio sexual, introduzindo entre os sexos uma igualdade relativa, tanto de fato quanto de direito. A tendência sistemática a limitar os nascimentos libertou a mulher do encadeamento entre gravidez e partos. Ela igualmente dissociou a sexualidade da morte, quando consideramos o número de mulheres que, anteriormente, morriam em trabalho de parto, bem como a taxa muito elevada da mortalidade infantil.

Desde há alguns decênios essa "família tradicional" se decompôs, ao menos nos países ocidentais. Na realidade, os pares constituídos de um pai que trabalha fora de casa e de uma mãe doméstica que se ocupa das crianças do casal se tornaram cada vez menos numerosos. Atualmente eles coexistem com outros tipos de casais: casais não casados, pessoas vivendo sozinhas com as crianças, famílias recompostas, duplas homossexuais etc. A família tradicional também deixou de aparecer como modelo; ela não é mais "tradicional" no sentido atribuído mais acima ao termo.

Hoje não são mais nem a família nem o casamento que contam, mas a relação, em particular a relação de casal. Aqui prevalecem as exigências de comunicação emocional e de intimidade. "A ideia de intimidade, como muitas outras relações familiares [...], parece antiga, mas na realidade ela é muito nova. No passado, o casamento nunca foi baseado na intimidade e na comunicação emocional. [Ora, hoje] a comunicação é a maneira de estabelecer um vínculo e é igualmente a razão maior que justifica a sua busca [...]. A ideia de relação, essa também, é impressionantemente recente. Na década de 1960, ninguém falava de 'relação'. Ela não era necessária, assim como não era necessária a intimidade e a implicação. À época, o casamento *era* o engajamento" [*RW*, p. 59].

Nesse contexto, a sexualidade persegue a evolução que ela engajou desde o século XIX. A "revolução sexual" que está em curso desde a década de 1960 se caracteriza por dois elementos fundamentais: a conquista das mulheres por sua autonomia sexual e o desabrochamento da homossexualidade, tanto masculina quanto feminina. A sexualidade tornou-se hoje um domínio inteiramente distinto da reprodução, um domínio que faz parte integrante da identidade reflexiva dos indivíduos.

A relação pura

Não é somente a relação de casal que conheceu essa evolução. Giddens cita também as relações de amizade, assim como, em menor medida, as relações entre pais e filhos. Em todos esses casos, os indivíduos perseguem um mesmo modelo de relação, a "relação pura", ou seja, "uma relação social [que] é desencadeada por si mesma, ou, mais precisamente, por aquilo que um indivíduo pode esperar tirar de sua associação durável com outro indivíduo, sendo que essa aliança apenas se perpetua à medida que os dois parceiros a julgam oferecer suficientemente satisfação para cada um" [*TI*, p. 76]. A relação pura é objeto de (re)negociações contínuas entre os parceiros. Ela implica que eles não se escondem um para outro, mas se expõem e se entregam; é pelo diálogo, pela confiança e pelo engajamento pessoal que a relação pode marcar presença e progredir. Trata-se de compreender o ponto de vista do outro e de respeitá-lo. Portanto, a relação pura exclui o poder arbitrário e a violência; é uma relação entre duas pessoas autônomas, na qual cada uma tem os mesmos direitos e obrigações. A relação pura abre espaço a uma narrativa comum, partilhada pelos protagonistas; essa narrativa é estreitamente religada aos propósitos que duas pessoas mantêm entre si a respeito de suas identidades pessoais respectivas.

A relação pura também gera dificuldades particulares. Efetivamente ela repousa exclusivamente sobre a abertura recíproca dos parceiros e sobre seu engajamento; ela não se apoia mais em bases exteriores aos indivíduos, como era o caso para o casamento no quadro da família tradicional. Agora cada um dos parceiros pode decidir pôr um fim à relação, com tudo o que isso pode implicar em termos de sofrimentos. A relação pura comporta, portanto, uma exigência de "exposição" (*disclosure*) da pessoa, num contexto de forte incerteza quanto à continuidade da relação [*TI*, p. 169-170].

Analisando a maneira com a qual Giddens apresenta a relação pura, somos tentados a estabelecer um paralelo com aquilo que ele diz da identidade pessoal (cf. supra). Nos dois casos, as referências exteriores perdem importância e deixam espaço às escolhas refletidas do indivíduo bem como à sua implicação pessoal e ao seu engajamento. Nos dois casos, trata-se de estabelecer uma continuidade no tempo, buscando estabelecer a coerência entre as suas próprias escolhas e – para a relação pura – a negociação com o parceiro ou parceira. Nos dois casos, enfim, trata-se de produzir narrativas: narrativa pessoal no quadro da identidade, narrativas compartilhadas no caso da relação pura. Em resumo, a relação pura se caracteriza pelas três ideias de reflexividade, de continuidade e de narrativa, através das quais definimos a identidade pessoal mais acima.

O indivíduo segundo Giddens: mais recursos do que coerções

Giddens coloca em primeiro plano a capacidade que o indivíduo contemporâneo possui de refletir suas escolhas, de definir seu estilo de vida, de construir sua identidade pessoal. A evolução dos sistemas sociais – a globalização, o recuo das tradições etc. – o impulsiona nessa direção. Obviamente, essas condutas autônomas estão longe de ser generalizadas: outras condutas, marcadas pela tradição, às vezes tendem a emergir (cf. infra nossa reflexão sobre a compulsão, a dependência compulsiva etc.). Entretanto, ao ler as obras de Giddens mencionadas no início do capítulo, não vemos quais seriam as coerções próprias à Modernidade radical que pesariam sobre o indivíduo e comprometeriam suas possibilidades de escolha e de realização pessoal. Com certeza, em seus escritos anteriores de natureza mais macrossociológica, Giddens descrevia instituições potencialmente muito coercitivas – cf., particularmente, no capítulo III, as dimensões institucionais da Modernidade – mas, em suas obras mais recentes, ele insiste mais sobre essas coerções.

Tal concepção "positiva" do indivíduo contemporâneo contrasta com aquela proposta por outros sociólogos. Assim, Robert Castel estima que a sociedade atual rompeu o "frágil equilíbrio [...] entre promoção do indivíduo e pertença a coletivos protetores" que caracterizava o que ele denomina "sociedade salarial" de meados do século XX. Daí a coexistência atual de dois tipos de individualismo. O *individualismo positivo*, aquele ao qual mais comumente nos referimos, é típico dos indivíduos que tiram proveito das liberdades adquiridas em relação às coletividades e que, por sua vez, estabelecem com outras pessoas tipos de relações que lhes permitem realizar bons projetos, que lhes possibilitam realizar-se, valorizar-se etc. Entretanto, emergem igualmente "formas de individualismo que poderíamos denominar *individualismo negativo*, formas estas obtidas por retraimento em relação ao enquadramento nas coletividades" [CASTEL, 1995, p. 463]; é o caso de pessoas que vivem formas de insegurança ou de exclusão ligadas ao desaparecimento das coletividades.

Outros sociólogos mostram que mesmo os indivíduos que seriam predispostos, em razão de sua posição social e cultural, a viver o individualismo positivo de que fala Castel, até mesmo estes não fugiriam às coerções que limitam suas possibilidades de realização. Notadamente as coerções que rondam os ambientes profissionais. Assim, Nicole Aubert e Vincent de Gaulejac mostram que o culto à excelência que se estabeleceu ao longo dos anos de 1980 nas grandes empresas privadas e públicas apresenta custos elevados ao indivíduo: estresses, descompressões, "queimaduras" profissionais [AUBERT & DE GAULEJAC, 1991]. Mais recentemente, Danilo Martucelli descreveu as injunções que impelem os trabalhadores a implicar-se, a participar, a tomar iniciativas, ao passo que a maioria deles não dispõe de meios que lhes permitam resolver os problemas profissionais e pessoais aos quais são confrontados. Nessas condições, os fracassos encontrados não podem ser senão interiorizados pelo trabalhador [MARTUCELLI, 2001].

Obviamente, esses autores analisam o domínio da vida profissional, que está mais ausente das análises de Giddens, domínio sobre o qual podemos imaginar mais coercitivo aos indivíduos que as coerções da vida privada. Entretanto, análises sobre a vida familiar mostram que ali também existem coerções. Assim, um autor como Jean-Claude Kaufmann coloca antes em relevo os papéis herdados do passado e que são incorporados pelo homem e pela mulher. Em particular, em sua análise das "pequenas guerras do casal" [2007], ele mostra que, por razões históricas e práticas, as mulheres assumem mais responsabilidades domésticas do que os homens, e elas se implicam mais na relação de casal, a título pessoal. Isso dá aos pequenos conflitos conjugais uma forma particular, onde a mulher, que está à frente das tarefas familiares e que sofre maior carga mental, demonstra maior exasperação que seu parceiro; este, o mais frequentemente adotando um papel secundário, tende a mostrar-se mais descontraído, mais esquivo, mais fugidio.

Em sua Teoria da Estruturação, Giddens nos convidou a analisar as práticas sociais como movimentos pelos quais as condutas individuais estruturam os sistemas sociais e são estruturadas por eles. Parece-nos que, nessas análises do indivíduo contemporâneo, ele leva pouco em consideração o impacto desses sistemas – menos que outros sociólogos por nós citados. Quando o faz, é mais sob o ângulo dos recursos que se oferecem ao indivíduo do que sob o das coerções que pesam sobre suas condutas. O programa de trabalho da Teoria da Estruturação, portanto, nos parece realizado aqui de maneira parcial e desigual. Retornaremos a essa questão em nosso capítulo crítico.

Giddens estabeleceu outro paralelo mais explícito entre a relação pura e a democracia. Interrogando-se sobre a evolução das relações íntimas, ele impressionou-se com as semelhanças entre o modelo da relação pura e o modelo da democracia, da forma que ele predomina na esfera pública. Os dois modelos valorizam a ideia de autonomia, isto é, a capacidade de refletir e de determinar-se por si mesmo. Nos dois casos, visa-se estabelecer uma relação entre iguais, aos quais se reconhece os mesmos direitos e as mesmas obrigações. Nas relações íntimas, como nas que prevalecem na esfera pública, busca-se afastar-se do controle da autoridade e da tradição, para abrir espaço ao diálogo aberto entre as partes e à negociação.

Essas semelhanças levam Giddens a formular a hipótese de que as evoluções às quais assistimos há alguns decênios no domínio das relações interpessoais são muito similares às que nossas sociedades ocidentais conheceram com o advento da democracia. Assistiríamos hoje à emergência de uma "democracia das emoções" que estende à vida interpessoal as aquisições da democracia pública. Ao passo que esta última era conduzida essencialmente pelos homens – e, por um tempo, reservada somente a eles –, a democracia interpessoal é principalmente levada pelas mulheres, bem como pelos homossexuais de ambos os sexos. É um processo menos visível, precisamente porque ele não se desenrola na arena púbica, mas, para o essencial, nos microterrenos das relações privadas.

As práticas sociais no quadro da Modernidade radical

A identidade reflexiva, a relação pura, a democracia das emoções são maneiras positivas de viver a Modernidade radical, assim como o é, no nível da vida pública, o que chamaremos mais abaixo de democracia deliberativa, que mira na transparência das decisões e na negociação entre as partes interessadas. Essas condutas não são as únicas a desenvolver-se na sociedade contemporânea; Giddens descreve outras, considerando-as mais problemáticas.

Em nível de esfera pública, ele se interessa pelo fenômeno do fundamentalismo. "Os fundamentalistas apelam ao retorno aos textos de base, supondo uma leitura literal; eles exigem que as doutrinas derivadas desse tipo de leitura se apliquem à vida social, econômica ou política. O fundamentalismo dá nova vitalidade e importância aos guardiães da tradição. Somente eles têm acesso à "significação exata" dos textos [*RW*, p. 48]. O fundamentalismo questiona os princípios da Modernidade radical: a autonomia individual, a reflexividade, o diálogo. "A recusa ao diálogo – e a insistência sobre o fato de que uma única concepção do mundo é possível e eles a possuem – é potencialmente destruidora num mundo que precisamente repousa sempre mais no diálogo" [*CAG*, p. 130]. Negando o princípio do diálogo, o fundamentalismo abre a via à violência.

Giddens também dedica atenção ao que ele denomina "dependência compulsiva": as relações íntimas em que o indivíduo renuncia à sua identidade para viver na dependência do outro. "A pessoa dependente tem necessidade do outro parceiro e torna-se submissa aos desejos deste último para garantir sua própria segurança ontológica. Ela desiste de alguma forma de construir um projeto reflexivo de si e sacrifica ao mesmo tempo sua autonomia" [GIDDENS, 1993b, p. 464]. Mais concretamente, a relação de dependência compulsiva se manifesta, segundo os casos, pela ausência de confiança no parceiro, pelas pressões que se exercem sobre ele para fazê-lo mudar, pela adoção de comportamentos repetitivos na relação. Ela é perceptível igualmente nos casos em que o indivíduo sofre profundamente com a relação, sem, no entanto, decidir pôr um fim a essa relação.

Em um nível individual, Giddens se interessa pelos fenômenos compulsivos: em relação ao álcool, às drogas, ao sexo, ao trabalho etc. Esses fenômenos traduzem a incapacidade que alguns indivíduos experimentam de regular suas práticas pelo exercício da reflexividade e da autonomia; de fato, novamente, é uma forma de tradição que está agindo nesse tipo de conduta.

A compulsão

Giddens nos convida a considerar a história da compulsão.

"A ideia de que alguém possa ter um comportamento compulsivo era desconhecida no século XIX [...]. Isso só apareceu no século XX. A noção de compulsão foi primeiramente aplicada exclusivamente ao alcoolismo e ao consumo de drogas. Mas, atualmente, todo tipo de atividade pode ser-lhe associada: podemos ter compulsão ao trabalho, ao exercício físico, à comida, ao sexo. A razão é que essas atividades, assim como a maioria dos aspectos de nossa vida, são hoje menos estruturadas pela tradição do que outrora o eram.

Consideremos, por exemplo, a compulsão sexual [...]. O homem que telefona várias vezes por dia a correspondentes sexuais com certeza se encontra desgostoso de si mesmo, embora ele não consiga parar; ele é envolto num ciclo de compulsão sexual [...]. Muitos ciclos compulsivos são destrutivos: o indivíduo não pode viver sem abandonar-se a esses comportamentos, os intervalos tornando-se cada vez mais curtos e o grau de ansiedade aumentando [...].

Eu vejo a compulsão como a outra face do recuo

das tradições. A compulsão pode invadir todos os contextos da vida dos quais a tradição se ausentou [...]. Assim como a tradição, a compulsão tem a ver com a manutenção do passado no presente. Mas, antes de ter que haver-se com comportamentos que têm uma relação moral e que são regrados por rituais coletivos, como era o caso com as tradições, os comportamentos compulsivos são pessoais e comandados pela ansiedade e pela insegurança."

Fonte: Giddens. *CAG*, p. 133-134; *RW*, p. 46.

Com a compulsão, a dependência compulsiva ou ainda o fundamentalismo, estamos, pois, envoltos em práticas que se opõem aos fundamentos da Modernidade radical; podemos colocá-las em relação com aquelas sobre as quais falamos mais acima: a identidade reflexiva, a relação pura, a democracia deliberativa; no entanto, elas, de alguma forma, lhes fazem oposição.

Tabela 4 Algumas práticas sociais no contexto da Modernidade radical

Níveis de análise	Práticas que respeitam os princípios da Modernidade radical	Práticas que se opõem aos princípios da Modernidade radical
Individual	Identidade reflexiva	Compulsão
Interpessoal	Relação pura	Dependência compulsiva
Esfera pública	Democracia deliberativa	Fundamentalismo

Retorno à política

As mudanças ligadas à Modernidade radical, da forma como as descrevemos ao falarmos da globalização, do recuo das tradições, da reflexividade, têm implicações profundas no domínio da política. Abandonando o campo da teoria sociológica, portanto, é à reflexão política que Giddens consagra o essencial de seus escritos a partir da segunda metade da década de 1990. Trata-se seguramente de uma reorientação importante; à primeira vista, seríamos tentados a falar de ruptura, já que, além dos temas tratados, é igualmente a postura intelectual de Giddens que se modifica: ele abandona em parte o ponto de vista da análise para adotar um ponto de vista mais normativo. Um exame mais atento, entretanto, faz surgir pontos de continuidade. Em relação aos temas, lembraríamos os trabalhos importantes feitos por Giddens nos anos de 1980, concernentes ao Estado, às relações políticas internacionais etc. (cf. cap. III). Em relação à postura, no quadro das análises da Modernidade radical, certas noções como a relação pura, a democracia das emoções, o fundamentalismo, já eram portadoras de valorizações, ora positivas, ora negativas. A passagem do ponto de vista analítico para o normativo estava, portanto, em vias de operar-se. Ela se reforça como os trabalhos propriamente políticos do autor.

Esses pontos estão presentes particularmente nas três seguintes obras: *Beyond Left and Right – The Future of Radical Politics* [1994]; *The Third Way – The Renewal of Social Democracy* [1998]; e *The Third Way and its Critics* [2000a] (extratos dos dois últimos textos são traduzidos em francês no livro consignado em 2002 com Tony Blair: *La troisième voie – Le renouveau de la social-democracie*).

Novos desafios para o Estado-providência

O Estado-providência (*welfaire state*) tem uma origem antiga, que remonta ao século XVII. Entretanto, ele realmente assume sua forma específica no século XIX, sob o efeito de influências diversas: com certeza, pela ação do movimento operário, mas também, da parte de alguns responsáveis políticos e industriais, pela tomada de consciência de que proteger os pobres e os desempregados podia ser vantajoso para todos. O Estado-providência se desenvolve plenamente após a Segunda Guerra Mundial. As populações tinham efetivamente experimentado ao longo do conflito que elas corriam os mesmos riscos e passavam pelos mesmos sofrimentos. Por outro lado, o pós-guerra vê inúmeros partidos de esquerda (socialistas e comunistas) reforçando-se e ocupando o poder; por consequência, as políticas da época se fundam em dois princípios levados adiante por essas forças políticas: a direção centralizada da economia, de um lado, e a busca de uma maior igualdade pela solidariedade entre as classes e entre as gerações, de outro.

Na obra *The Third Way*, Giddens descreve os desafios aos quais esse Estado-providência deve doravante fazer frente.

Um primeiro problema é a escalada do individualismo e a maneira com a qual ele afeta a solidariedade que estava na base das políticas igualitárias. Giddens estuda as causas desse individualismo contemporâneo. Ele estima que essa atitude vincula-se fortemente ao próprio Estado-providência, que criou novos direitos individuais, notadamente o de poder beneficiar-se de uma formação avançada, o de buscar realizar-se no quadro de uma carreira profissional etc. Em si esse individualismo não significa um declínio das preocupações altruístas, mas ele exige reinventar novas formas de responsabilidade e de solidariedade: não se deve mais esperar tudo de mão beijada da coletividade; urge sermos mais responsáveis por nós mesmos, por nossas escolhas e pelas consequências dessas atitudes. Em outros termos: um novo equilíbrio deve ser encontrado entre a responsabilidade individual e a responsabilidade coletiva.

Um segundo conjunto de problemas que o Estado deve assumir vincula-se aos desenvolvimentos das ciências e das técnicas, e aos novos tipos de riscos que esses desenvolvimentos comportam: questões ligadas ao desenvolvimento sustentável, às manipulações genéticas etc. (cf. cap. III). O Estado-providência tinha implementado políticas tidas por reduzir ou compensar riscos como o desemprego, a doença; doravante ele deve reencontrar os novos tipos de riscos, dentre os quais os que classificamos mais acima de riscos "fabricados".

Esses dois primeiros desafios nos parecem referir-se aos *problemas novos* que o Estado deve assumir, ao passo que os três outros desafios dos quais nos fala Giddens dizem antes respeito às instâncias, aos atores etc. e, mais largamente, às *condições novas* nas quais essa responsabilidade deve ser exercida.

Nessa lógica, um terceiro desafio vincula-se ao fato de que o Estado é fundamentalmente afetado pelo processo de globalização (cf. início deste capítulo). A abertura das economias solapou as condições que tornavam possíveis as políticas keynianas que miravam na regulação da atividade econômica pelo Estado. Por outro lado, assistimos à emergência ou ao reforço de identidades locais, como se observa na Escócia, na Catalunha ou ainda no Quebec. O poder do Estado continua considerável, mas ele necessita de cooperações constantes com outras instâncias: com as entidades políticas internacionais, com os outros estados, com as instâncias econômicas e políticas internacionais, com as empresas transnacionais etc. Quase não se pode mais falar de "governo" associado ao Estado, mas, sim, de "governança", à medida que a atividade política consiste doravante em regular as intervenções de instâncias múltiplas.

Quarto desafio: a assunção dos problemas é afetada pelo que o sociólogo alemão Ulrich Beck denomina emergência de "subpolíticas". Beck, retomado aqui por Giddens, mostra efetivamente que as mudanças sociais globais – como a "destradicionalização", a globalização, o desenvolvimento das tecnologias e das expertises que lhe são vinculadas etc. – levaram diversos atores a intervir, fora dos quadros políticos formais, pelo viés de movimentos sociais, de associações etc. Eles avançam problemas específicos como a poluição, a saúde, o mau-trato da coisa pública em geral etc. E assim introduzem no debate público questões regradas outrora pela tradição, ou que dependiam da política em seu sentido mais clássico.

Um último elemento que modifica a responsabilização pelos problemas é a evolução da distinção entre "esquerda" e "direita". No passado, uma diferença maior entre as duas tendências políticas tinha a ver com os papéis específicos do Estado e do mercado na condução da economia. Nesse domínio, a falência dos regimes comunistas e a globalização dos mercados fazem com que se torne difícil, para a esquerda, defender uma alternativa ao capitalismo; quando muito o debate esquerda-direita, em matéria econômica, continua na forma de regular a lógica do mercado.

Outra evolução afeta a distinção esquerda-direita em política: a emergência, ao lado dos desafios mais tradicionais que dependem daquilo que Giddens denomina "política de emancipação" (*emancipatory politics*), de desafios novos que têm a ver com a "política de vida" (*life politics*). A política de emancipação pretende libertar os indivíduos de coerções que pesam sobre suas existências; trata-se, em outros termos, de lutar contra as formas de exploração e de opressão, ou ainda contra as desigualdades. Atualmente essa política emancipatória não desapareceu, mas a agenda política é sempre mais ocupada por outros tipos de desafios: os que têm a ver com a escolha de vida que os indivíduos são levados a fazer no quadro da Modernidade radical. As questões relacionadas à ecologia, à importância acordada à esfera do trabalho, à maneira de conceber a vida de casal e a educação das crianças etc. dependem dessa "política de vida". Em suma, "ao passo que a política emancipatória concerne às chances de vida, a política de vida concerne aos estilos de vida" [*MSI*, p. 214]. Ora, se a política emancipatória propicia muito naturalmente debates direita-esquerda, a política de vida demanda soluções novas, que transcendem as oposições tradicionais; ela exige definir uma "terceira via" (*third way*).

A terceira via

Os desafios que acabamos de descrever levam Giddens a definir novos princípios, novas orientações políticas, designados por ele, dentre outros, pelos termos "democracia deliberativa", "política generativa", ou ainda "terceira via", três expressões que têm claramente um alcance normativo.

Ao propor a expressão "democracia deliberativa" (*deliberative democracy*), Giddens avança uma exigência de transparência que ele estima essencial na esfera política, mas também, mais largamente, em outros domínios da vida social. Trata-se de avançar procedimentos que façam com que as discussões que precedem as decisões, assim como as decisões elas mesmas, sejam mais claras, o mais transparentes possível, de forma que o resultado dessas decisões seja legítimo aos olhos daqueles a quem elas concernem.

A noção de política generativa (*generative politcs*) é mais complexa. Ela integra a ideia de transparência, mas encerra igualmente outras exigências. Ela implica que a ação política seja de natureza preventiva, que ela antecipe os problemas antes que atacar as consequências negativas que eles já ocasionaram. Ela supõe igualmente uma descentralização da ação: vários atores devem ser associados e eles devem dispor de uma grande autonomia. Para tanto, devem dispor de recursos tanto materiais quanto mentais (p. ex., em termos de *expertise*). Ela implica, enfim, como uma de suas consequências, que os atores cultivem entre si um alto grau de confiança.

Giddens faz diferentes ilustrações daquilo que ele entende por política generativa. Ele trata, por exemplo, das políticas conduzidas em favor das pessoas idosas. Ele se mostra desfavorável ao sistema de aposentadoria por idade fixa. Trata-se, aos seus olhos, de uma medida típica do Estado-providência, que coloca as pessoas idosas numa situação de dependência material e psicológica, ao passo que um bom número delas deseja permanecer ativo no mercado de trabalho. Obviamente, algumas sofrem de doenças e/ou de enfermidades que comprometem o prosseguimento de uma atividade profissional, mas esses problemas físicos em parte são determinados por fatores sobre os quais é possível agir: fatores ambientais, estresse físico ou psicológico ligado ao trabalho, hábitos alimentares etc. Giddens defende uma política mais flexível, em que as pessoas poderiam decidir o momento de solicitar a própria aposentadoria; em que elas poderiam igualmente escolher beneficiar-se de uma parte da soma que lhes é destinada em vista de reduzir seu tempo de trabalho ao longo de sua vida profissional, para completar sua formação ou para consagrar-se à educação de seus filhos.

Outro exemplo de política generativa, dessa vez em nível internacional: a questão da pobreza que as populações dos países do Sul sofrem. Giddens mostra todos os limites de uma abordagem centrada em medidas de redução da dívida externa, ou de transferências financeiras dos países do Norte para os do Sul. Ele defende que se dê apoio a experiências encabeçadas pelos grupos locais, em particular as que respeitam as tradições, as que desenvolvem as solidariedades e que preservam um desenvolvimento sustentável. Em relação à saúde das populações do Sul, ele sugere que os modelos autóctones sejam encorajados. Essas iniciativas que repousam sobre experiências locais devem, segundo ele, combinar-se com a cooperação entre estados, empresas e associações internacionais.

Enfim, Giddens propõe a expressão "terceira via" (*third way*), título de sua obra de 1998. Contrariamente às duas noções precedentes, que incidiam sobre as modalidades da ação política, aqui a questão incide mais nas finalidades. A terceira via deve ser buscada entre vários binômios opostos.

Em primeiro lugar o binômio modernização/conservadorismo. Obviamente é preciso apoiar o crescimento econômico, mas também é necessário ser sensível aos problemas – notadamente ecológicos – que ele engendra. Da mesma forma, convém prestar às consequências equívocas que pode ter, sobre nossas existências, o desenvolvimento científico e técnico. Uma determinada dose de conservadorismo é desejável; mais precisamente falando: nesse aspecto particular vale inspirar-se no "conservadorismo filosófico", aquele que insiste na valorização da história, no respeito ao passado, notadamente em matéria de meio ambiente.

Em segundo lugar o binômio indivíduo/coletividade. A coletividade, representada pelo Estado, deve perseguir os objetivos de igualdade, de justiça, ou seja, integrar os indivíduos no coletivo. Entretanto, o indivíduo não pode "apagar-se"; ele deve continuar sendo portador de obrigações, de responsabilidades. "Poderíamos sugerir a seguinte máxima dessa nova política: *não há direitos sem responsabilidades*" [*TW*, p. 78].

Enfim, o binômio autoridade/democracia. O movimento de "destradicionalização" do qual prestamos conta mais acima torna obsoletas as formas de autoridade que se referem às instituições como a família, o Estado, a nação etc. "Numa sociedade em que a tradição e o costume perdem sua força, a única maneira de estabelecer a autoridade é a democracia. O novo individualismo não é forçosamente destruidor da autoridade, mas esta exige então ser vislumbrada numa base mais ativa ou participativa." Consequentemente, "um segundo princípio em nossas sociedades contemporâneas deveria ser o seguinte: *não há autoridade sem democracia*" [*TW*, p. 78-79].

Algumas críticas endereçadas à "terceira via"

Kaspersen retoma e discute algumas críticas que foram dirigidas ao projeto da terceira via; elas avançam notadamente seu caráter idealista.

"Rustin sustenta a ideia de que Giddens busca dar ao partido trabalhista 'uma racionalização de seu abandono da concepção do socialismo fundado no materialismo, no economismo e nas relações de classes' [RUSTIN, 1995 p. 21]. Segundo Rustin, a insistência acordada por Giddens, na obra *Beyond Left and Right,* aos valores pós-materialistas, o orienta na direção de 'soluções idealistas aos problemas da desigualdade e da polarização' [RUSTIN, 1995, p. 12].

Numa recensão à obra *The Third Way,* Rose [1999] retorna a essa questão das soluções idealistas. Ele defende a ideia de que o idealismo inerente ao pensamento de Giddens e ao projeto da terceira via é fundado na ideia de um governo dos indivíduos a partir de princípios éticos. Os seres humanos são agora considerados criaturas éticas, e vivemos numa sociedade em que os problemas são cada vez mais considerados de natureza ética [...]. A política da terceira via é uma tentativa de utilizar os sentimentos, os valores, as crenças como um meio 'pelo qual a gestão que o indivíduo autônomo pratica em relação a si mesmo pode ser conectada com os imperativos de um bom governo' [ROSE, 1999, p. 12]. A política é uma maneira de influenciar as forças que aperfeiçoam os valores, as crenças, os princípios morais que determinam as escolhas cotidianas que devemos fazer para viver nossas vidas. Influenciando os valores e as crenças, o governo busca influenciar nossas condutas de uma maneira mais sutil."

Kaspersen prossegue: "Eu compartilho das ideias

de Rose e de Rustin; ideias segundo as quais existe uma dimensão idealista no projeto do *New Labour* e no pensamento político de Giddens, mas estimo que alguns desses elementos são interessantes e necessários. Giddens pretende que o bem-estar não é somente uma maneira de distribuir os riscos e os recursos materiais em vista de reduzir a pobreza; é também necessário redefinir a noção de bem-estar, de vida plena e felicidade [...]. Desde Aristóteles sabemos que realizar a vida plena não significa necessariamente acumular mais bem-estar material. Colocar a definição do que é a vida plena na agenda [...] parece-me indispensável se quisermos discutir seriamente sobre aquilo que constitui uma boa sociedade."

Fonte: Kaspersen, 1995/2000, p. 178-179.

V | A obra de Giddens diante da crítica

A obra sociológica de Giddens suscitou um vasto debate crítico que assumiu a forma de obras individuais ou coletivas [CRAIB, 1992; KASPERSEN, 1995, 2000; MESTROVIC, 1998; HELD & THOMPSON, 1989; CLARK et al., 1990; O'BRIEN et al., 1998], números especiais de revistas, ou ainda artigos isolados. Várias vezes o próprio Giddens engajou-se nesses intercâmbios ao reagir às críticas que lhe eram endereçadas [GIDDENS, 1989, 1990b, 1991b; *TWC*].

Os aportes importantes desse debate – aos quais agregamos nossas próprias contribuições – podem vincular-se a cinco critérios explícita ou implicitamente antecipados pelos comentaristas: a capacidade explicativa dos aportes teóricos de Giddens, sua simplicidade, sua coerência, seu grau de corroboração e, enfim, a maneira com a qual eles integram os saberes existentes. Observe-se igualmente que vários desses critérios foram objeto de trabalhos em filosofia das ciências. A discussão que segue também se inspira neles.

A capacidade explicativa

Como o sublinharam inúmeros comentaristas, os aportes de Giddens são majoritariamente de natureza teórica: ele próprio quase não fez trabalhos de pesquisa empírica e se reporta relativamente pouco a pesquisas empíricas feitas por outros [CLARK, 1990, p. 26]. Em qual medida esses aportes teóricos permitem compreender e explicar os fenômenos sociais?

Giddens mostrou-se várias vezes favorável a esse objetivo. Na introdução de sua obra *La constitution de la société*, ele apresenta suas reflexões sobre o que é uma "teoria do social". Se ela deve ser sensível às questões de ordem filosófica, ela guarda como objetivo primeiro o de "estudar os processos concretos da vida social" [*CS*, p. 28]. Aliás, um capítulo da mesma obra é consagrado, em sua maior parte, aos "vínculos que existem entre a Teoria da Estruturação e a pesquisa empírica". Ali ele faz três recomendações úteis na realização de pesquisas de campo: Ele fala: 1) da necessidade de fazer um trabalho etnográfico; 2) da sensibilidade para com as habilidades dos atores; 3) da consideração das dimensões de espaço e de tempo. Em seguida, ele comenta exemplos de trabalhos conduzidos por diferentes sociólogos que, segundo ele, integram essas recomendações.

Este capítulo é passado ao crivo num artigo bastante severo de Nicky Gregson intitulado "On the (ir)relevance of structuration theory to empirical research". Para essa autora, as três recomendações de Giddens "não apresentam o grau de especificação necessário à condução de um trabalho empírico"; com efeito, "elas isolam três temas muito vastos suscetíveis de interesse, mas não dão nenhuma indicação precisa quanto aos conteúdos a explorar ou às direções metodológicas a assumir" [GREGSON, 1989, p. 240-241].

Mergulhando em seguida nos exemplos de pesquisas empíricas comentados por Giddens, ela mostra que esse comentário não presta absolutamente contas da riqueza dos trabalhos analisados. Os pesquisadores evocados não tiveram nenhuma necessidade de suas recomendações para levar a bom termo seus trabalhos: eles de fato se inspiraram largamente em outros autores. Consequentemente, "é difícil de ver exatamente qual poderia ser o caráter distintivo dos trabalhos empíricos inspirados pela Teoria da Estruturação". Assim, para Gregson, essa teoria é uma "teoria de segunda ordem", que visa conceituar os elementos gerais que constituem a sociedade humana; ela não é em nada uma "teoria de primeira ordem", que engendraria conceitos aplicáveis diretamente no quadro de trabalhos de pesquisa empírica [GREGSON, 1989, p. 243].

Em sua resposta a Gregson, Giddens estima as propostas de sua interlocutora muito categóricas. Ele admite que algumas partes da Teoria da Estruturação se aplicam a um grande número de atividades e contextos, e que elas poderiam depender daquilo que Gregson denomina "Teoria de Segunda Ordem" – o que, aliás, ele mesmo chama de "ontologia da vida social" [1991b, p. 203]. Outros aspectos, em contrapartida, "têm mais substância, no sentido que eles orientam a atenção do pesquisador para os processos ou para os aspectos específicos de sistemas sociais concretos" [1989, p. 293]. Em outro texto datando da mesma época, Giddens apresenta um ponto de vista similar, afirmando que "alguns dos conceitos (oriundos da Teoria da Estruturação) deveriam ser úteis como meios de sensibilização (*sensitizing devices*) para fins de pesquisa" [1990b, p. 310-311].

As críticas de Gregson se reportam à Teoria da Estruturação e, mais precisamente, à obra *La Constitution de la société* (cf. cap. I). Ora, em toda a produção de Giddens, algumas pessoas estabeleceram uma diferença entre, de um lado, essa Teoria da Estruturação e, de outro, sua "sociologia substancial" (*substantive sociology*). Esses trabalhos de alcance mais empírico, "cujo objetivo principal é menos a construção e a elaboração de uma teoria do que a compreensão dos acontecimentos ou de situações no mundo" [CRAIB, 1992, p. 73], foram objeto dos capítulos II, III e IV. Aqui também inúmeros comentaristas censuram o caráter excessivamente geral de Giddens, excessivamente universal de seus conceitos, quando se trata de fazer análises empíricas.

Dessa forma, Kaspersen lamenta que os conceitos propostos por Giddens para estudar a vida cotidiana (a reflexividade e o poder do ator, o caráter rotineiro das práticas sociais, sua inscrição no tempo e no espaço etc.) não permitam descrever e explicar as diferenças que se manifestam entre os indivíduos. Para analisar essas diferenças, poderíamos recorrer, dentre outras, à noção de cultura, estima Kaspersen, mas Giddens não lhe acorda nenhum espaço em sua teorização [KASPERSEN, 1995/2000, p. 161-164]. Um ponto de vista similar é adotado por Floya Anthias, para quem a concepção do indivíduo moderno defendida por Giddens é excessivamente universalista; ela não leva suficientemente em conta as desigualdades ligadas ao sexo, à pertença de classe, ou ainda à origem nacional ou étnica [ANTHIAS, 1999].

Um exemplo de propósito universalista: os regimes alimentares

A análise que Giddens propõe dos regimes alimentares é ilustrativa do caráter geralmente universalista dos propósitos que ele sustenta sobre o indivíduo contemporâneo.

"A reflexividade do corpo conheceu uma aceleração fundamental com a invenção do regime alimentar em sua acepção moderna – naturalmente bem diferente daquele que era praticado na Antiguidade. Enquanto fenômeno de massa datando no máximo de alguns decênios, o regime alimentar é [...] intimamente ligado à aparição de uma 'ciência' da nutrição [...]. Ele tem igualmente por efeito o de confiar ao indivíduo possuidor do corpo a plena e completa responsabilidade do desenvolvimento, bem como o da aparência deste último. O que as pessoas comem, mesmo as mais materialmente privadas, torna-se assim uma questão de seleção dietética totalmente impregnada de reflexividade. Atualmente, *todos* os habitantes dos países desenvolvidos, à exceção dos muito pobres, estão 'no regime'. Graças à eficácia sem cessar crescente dos mercados mundiais, não somente a comida é abundante, mas o consumidor, além do mais, encontra à sua disposição, ao longo do ano todo, uma grande diversidade de produtos alimentares. Nessas condições, o que comemos depende de uma escolha quanto ao estilo de vida que pretendemos ter, essa escolha sendo influenciada por incontáveis manuais de culinária, de brochuras médicas vulgarizadas, de guias nutricionais etc." [*TI*, p. 47-48].

O que Giddens diz aqui do regime alimentar quase não ajuda o sociólogo que desejaria conduzir uma pesquisa empírica sobre a questão. Em particular, ele não atrai a atenção do pesquisador para as diferenças relativas à frequência dessa prática, às formas que ela pode assumir, às significações específicas que ela pode revestir em função de critérios antecipados pelos sociólogos da alimentação como a idade, o sexo, o exercício ou não de uma atividade profissional, ao fato de restaurar suas forças no lar ou fora dele etc. [RÉGNIER; LHUISSIER & GOJARD, 2006; POULAIN, 2002/2005]. No texto citado, entretanto,

Giddens sugere uma hipótese mais precisa: o que se consome pode ser colocado em relação com o "estilo de vida" da pessoa. Mas ele não propõe nenhuma tipologia desses estilos de vida e não mostra como eles condicionam as práticas alimentares (aquilo que pretendem mostrar os sociólogos que interpretam as práticas alimentares a partir da noção de *habitus* proposta por Bourdieu [GRIGNON & GRIGNON, 1980], ou a partir da noção de *ethos*, numa perspectiva mais weberiana [CROBEAU, 1997]).

Críticas similares são feitas a outras partes das teorias de Giddens, como sua problemática do tempo e do espaço [PRED, 1990], sua tipologia das sociedades [GREGORY, 1990a, p. 227; GREGORY, 1990b, p. 252], sua teoria sobre os movimentos sociais [NAHEU, 1993, p. 110, 117], sua Teoria da Modernidade [WAQUANT, 1992], ou ainda sua problemática da mudança institucional. Sobre esse último tema, por exemplo, Arthur Stinchcombe estima que "Giddens nos propôs um bom esboço do que é necessário para elaborar uma teoria da dinâmica institucional, mas ele não nos forneceu os conceitos necessários, em nível mais baixo de abstração, [...] para construir uma teoria mais concreta da mudança institucional" [STINCHCOMBE, 1989, p. 56].

A simplicidade

O leitor que abre uma obra de Giddens se impressiona com a massa de conceitos, de distinções que são apresentadas, bem como com a multiplicidade de proposições teóricas enunciadas [HELD & THOMPSON, 1989, p. 27]. Centremo-nos na profusão dos conceitos: esse ponto tem a vantagem de poder ser medido, ao menos aproximativamente, a partir do índex que Giddens mesmo elaborou no final da maioria de suas obras. O "recorde" aqui é detido pela obra *La constitution de la société*: o índex comporta 390 entradas principais; somando-se as entradas secundárias, chegamos a mais de 1.000 itens (sem contar os nomes próprios). Essas entradas do índex não reenviam a termos utilizados pelo autor de maneira incidental; são exatamente, para a maioria delas, conceitos construídos, devidamente definidos por Giddens, diferenciados de outras noções teóricas elaboradas alhures, ou diferenciadas de noções admitidas na linguagem sociológica habitual, em face das quais Giddens assume de alguma forma o contrapé. Esses conceitos geralmente apresentam um alto nível de abstração.

Olhando mais de perto, não é raro que dois conceitos (ou mais) tenham significações muito próximas, que eles apareçam quase como sinônimos, o que dá ao leitor uma impressão de redundância [KASPERSEN, 1995/2000, p. 168]. Examinemos, por exemplo, as definições propostas de três conceitos: "modo de dominação" [*NSV*, p. 8], "dialética do controle" [*CS*, p. 64] e "regra" [*NSV*, p. 9]; elas são quase idênticas: todas as três se referem à presença de atores, às "relações de autonomia e de dependência" que os vinculam, ao caráter "regularizado" ou "rotineiro" dessas relações.

Essa profusão e essas redundâncias conceituais, com a multiplicidade das proposições teóricas que é sua contrapartida, contradizem a exigência de "simplicidade" – às vezes denominada "parcimônia" ou "economia" – antecipada por vários filósofos das ciências sociais. Segundo estes, uma hipótese ou uma teoria simples deve ser preferida a uma hipótese ou a uma teoria complicada [BOYER, 1990]. Obviamente, admitem eles, medir o grau de simplicidade de uma teoria não é coisa fácil [GOODMAN, 1968, p. 122-123; NADEAU, 1989, p. 561]. Dentre os que se embrenharam nessa via, retemos as proposições de Karl Popper, que vincula o critério de simplicidade ao de refutabilidade. Para Popper, uma teoria científica empírica é uma teoria que pode ser refutada, "falsificada". Ora, são os enunciados universais que se prestam melhor à falsificação, já que seu alcance empírico é o mais abrangente. Uma teoria falsificável, portanto, é feita de enunciados universais; ela é forçosamente mais simples do que uma teoria que se dota de múltiplas hipóteses auxiliares que permitem salvá-la quando ameaçada de falsificação [POPPER, 1935, p. 145].

Giddens não concorda com essa maneira de ver. Sem evocar o critério de simplicidade, ele critica seu corolário, o critério de universalidade. Segundo ele, as teorias das ciências sociais não têm por objetivo – ao menos por objetivo principal – chegar a enunciados de alcance geral, mas fornecer "esquemas conceituais" (*conceptual schemes*) de alcance mais limitado; se esses esquemas cedem espaço a explicações, não se trata de explicações de alcance geral, mas explicações mais conceituais [*CS*, p. 28-29].

Mesmo que admitamos a legitimidade dos argumentos de Giddens, eles apenas justificam parcialmente a superabundância de conceitos e de proposições teóricas que ele nos oferece em algumas de suas obras. Com efeito, é em seus trabalhos teóricos mais abstratos que observamos a maior profusão conceitual. No tocante às suas teorias de alcance empírico, em contrapartida, alguns (cf. parágrafos precedentes) lhe recriminam, ao contrário, uma insuficiência de conceitos e de hipóteses explicativas.

A coerência

Podemos definir o critério de coerência – os filósofos das ciências falam também de "consistência" – como uma ausência de contradição ou de heterogeneidade entre as partes constitutivas de um corpo de conhecimentos [HERMAN, 1990, p. 349; NADEAU, 1989, p. 560].

Muitos comentaristas sublinharam, junto a Giddens, o que poderíamos denominar incoerências teóricas parciais: alguns conceitos, algumas proposições teóricas são contraditórias com outras [MOUZELIS, 1999; KASPERSEN, 1995, 2000, p. 160 etc.]. Coloquemos em evidência aqui o que nos parece ser uma incoerência mais global: a que observamos entre o programa de trabalho que Giddens utiliza em sua Teoria da Estruturação e suas proposições teóricas de alcance mais empírico (sua Teoria da Modernidade, aquela da Modernidade radical, ou ainda sua Teoria do Estado etc.).

Nessa última teoria, Giddens faz muito pouca referência aos atores individuais, ao seu poder, à sua reflexividade etc.; quando essas noções aparecem, é de maneira incidente e sumária. Assim, na obra *The Nation-State and Violence* (cf. cap. II), Giddens apresenta o sistema diplomático europeu que se constituiu a partir do ano de 1815 como um "sistema guiado reflexivamente" (*reflexively monitored system*). Mas o comentário para por aí: não encontramos nenhuma análise mostrando como os chefes de Estado e/ou os diplomatas da época agem enquanto atores sociais, como suas ações são ao mesmo tempo coagidas e tornadas possíveis por regras e recursos, como elas se inscrevem no tempo e no espaço e como *in fine* elas contribuem na produção do sistema diplomático em questão.

Muito pelo contrário: a análise se limita a estabelecer uma relação entre a implementação desse sistema diplomático e o desenvolvimento de outros sistemas, como o industrialismo e o capitalismo etc. [*NSV*, p. 256].

Nosso propósito alcança assim o de John Breuilly que encontra uma distância sensível entre as análises históricas de Giddens e os princípios de sua Teoria da Estruturação, em particular sua insistência na competência e na reflexividade dos atores [BREUILLY, 1990, p. 278]. No mesmo sentido, Benton lamenta que Giddens quase não faça referência à reflexividade dos atores quando elabora sua Teoria dos Movimentos Sociais [BENTON, 1999, p. 58].

O ator individual, portanto, está largamente ausente das análises de Giddens, que qualificaríamos de macrossociais. Obviamente, é no quadro desse tipo de análises que o papel do ator é o mais difícil de se estabelecer. Mas é também nesse nível que esperamos o máximo de Giddens. Da mesma maneira, esperamos que ele coloque à frente o papel das instituições, dos sistemas sociais, quando ele procede a análises que qualificaríamos de microssociais. O que não é o caso, estima Kaspersen, de quem vê um problema maior de coerência entre os princípios da Teoria da Estruturação e os trabalhos sobre a identidade, a intimidade etc. Juntando-se às nossas reservas enunciadas mais acima, esse comentarista nota que Giddens aproxima a identidade como um processo em que, de maneira reflexiva, o indivíduo toma decisões – quer seja em matéria de sexualidade, de alimentação, de educação, de carreira profissional etc. –, mas que o autor não coloca em relevo a maneira com a qual as estruturas sociais condicionam essas escolhas [KASPERSEN, 1995/2000, p. 169].

Aqui, portanto, estamos diante de duas críticas simétricas: 1) Giddens leva pouco em consideração os atores, sua reflexividade, seu poder etc., em suas análises macrossociológicas; 2) ele não destaca o papel das instituições, das estruturas etc., em suas análises microssociológicas. Forçoso é constatar, pois, que ele não conseguiu, em suas análises empíricas, superar o dualismo entre as estruturas e os atores, como o convidava a fazê-lo em sua Teoria da Estruturação.

A corroboração

Continuemos a interessar-nos pelos aportes teóricos de alcance empírico e perguntemo-nos agora em qual medida eles são verificados quando observamos a realidade social a que eles se reportam. Trata-se de adotar o ponto de vista de Popper, examinando em qual medida as proposições teóricas formuladas por Giddens são refutadas pela experiência ou, ao contrário, resistem à refutação [POPPER, 1935/1973, p. 37].

Centrar-nos-emos na problemática do tempo. Uma das teses importantes de Giddens nos parece efetivamente refutada por trabalhos de pesquisa contemporâneos.

O mais frequentemente Giddens vincula a questão do tempo à do espaço. Suas teses a respeito desses dois fenômenos são, como o sublinha Craib [1992, p. 161], particularmente difíceis de apreender. Podemos resumi-las em duas proposições (para maiores detalhes, cf. cap. II). A primeira, que não nos ocupará aqui, consiste em afirmar que, com o advento da Modernidade, o tempo e o espaço se desvincularam dos contextos de interação para tornar-se entidades abstratas, o que testemunha a aparição dos relógios (para o tempo) e dos mapas (para o espaço). A segunda afirma que, com a Modernidade e, mais ainda, com a Modernidade radical, assistimos a um aumento do distanciamento espaçotemporal (*time-space distanciation*) [*CCHM*, p. 157] ou, em outros termos, a um alargamento do espaço e do tempo (*larger time-space "stretch"*) [*CS*, p. 199; *CM*, p. 70].

Essas afirmações valem para as duas dimensões: tanto o espaço quanto o tempo tendem a alargar-se, a estender-se, com a passagem à Modernidade e, sobretudo, com a passagem à Modernidade radical. Ora, se podemos estar de acordo com Giddens no tocante ao alargamento do espaço, o mesmo não ocorre no tocante ao alargamento do tempo. Vários trabalhos evidenciaram uma evolução contrária: a partir dos anos de 1990, assistiríamos antes a uma compressão, a uma contração do tempo, particularmente a uma contração do horizonte temporal no qual entram em cena as ações e as interações cotidianas [AUBERT, 2003; HARTOG 2003; LAÏDI, 2002 etc.]. Sigamos mais particularmente as teses desenvolvidas por Nicole Aubert em sua obra *Le culte de l'urgence*. Segundo essa pesquisadora, "nossa época está em vias de viver uma *mutação radical em sua relação com o tempo*", passando de um modo de funcionamento "a longo prazo" para um modo de funcionamento a "curto prazo" [AUBERT, 2003, p. 21, 27]. Ela analisa vários indicadores dessa evolução. Notadamente ela observa a explosão dos serviços "SOS", "vinte e quatro horas sobre vinte e quatro" etc. Mais fundamentalmente, ela analisa a maneira com a qual essa transformação é marcada na vida das empresas, em particular as que são cotadas na bolsa de valores: é lá, segundo ela, que a transformação da relação com o tempo encontra sua origem. Um dos fatores importantes que intervém aqui, segundo Aubert, é o funcionamento dos mercados financeiros e suas exigências de rentabilidade a curto prazo (traduzindo isso na linguagem teórica de Giddens: é a dimensão "capitalista" da Modernidade radical que seria em grande parte responsável por essa evolução).

A passagem do tempo longo ao tempo curto nas empresas

"Nós que somos industriais, que funcionamos, portanto, em processos a longo prazo, nos colocamos a funcionar num hipercurto termo, explica um executivo de uma multinacional francesa do setor industrial pesado [...]. A partir de meados da década de 1990, entramos de repente numa lógica da Bolsa, de valor da ação, da OPS, de fusão-aquisição, e é lá que vimos surgir pela primeira vez uma exigência de rentabilidade obrigatória de 15% ao ano sobre os capitais investidos [...]. E agora nossos dirigentes vivem com o nariz grudado na Bolsa e, quando abris o vosso computador, a primeira coisa que aparece é nossa corrida na Bolsa!"

A consequência dessa mudança de referências parece traduzir-se por uma ruptura, por uma contradição completa entre uma cultura dirigente, inteiramente convertida à cultura financeira, e as referências, o modo de funcionamento, o ritmo e a estrutura do resto da empresa que sofre essa lógica sem aprová-la e tampouco frequentemente compreendê-la. "Nosso grupo, prossegue o executivo interrogado, renovou numerosos quadros em posições de comando e *lhes damos objetivos com tempos anormalmente curtos, porque estamos totalmente imersos nessa lógica financeira. Mas, no fim das contas, é a indústria, são as fábricas que produzem. Ora, no fim das contas, a produção não é um negócio que todas as manhãs vem avaliado na Bolsa* [...]. Para chegar a isso, *melhor seria escolher mercenários antes que industriais* [...]. *Melhor seriam* cowboys, *pessoas acossadas, pessoas para quem tudo deve fluir o mais rapidamente possível.*"

Fonte: Aubert, 2003, p. 41-42.

Contrariamente às hipóteses de Giddens, nós sugeriríamos, pois, que na fase da Modernidade radical as relações com o tempo e com o espaço conhecem evoluções inversas: ao alargamento da relação com o espaço corresponde uma contração da relação com o tempo (aliás, é significativo que, quando Giddens se arrisca a ilustrar o alargamento do espaço-tempo ligado à Modernidade radical, ele forneça unicamente exemplos relativos ao espaço [*CM*, p. 70; GIDDENS, 1993a, p. 40 etc.]). Nós mesmos mostramos como esses movimentos contraditórios se observam na evolução das práticas e dos discursos no domínio da formação dos adultos [NIZET & BOURGEOIS, 2005, p. 30-31; 90-100].

A integração dos saberes

Vários filósofos das ciências sociais refletiram sobre a maneira com a qual as teorias integram os aportes científicos anteriores, contribuindo assim com o ideal da unificação dos saberes [AGAZZI & FAYE, 2001, p. viii; PIAGET, 1967, p. 1.019-1.020], um ideal que, para alguns deles, no entanto, resta inacessível [GUSDORF, 1968, p. 770-772].

De maneira constante, Giddens antecipou essa preocupação da unificação dos saberes tanto no interior da sociologia quanto entre a sociologia e as outras ciências humanas. Isso não era tão evidente, nos explica ele, em particular ao longo dos anos de 1960, quando a sociologia americana era dominante no mundo anglo-saxão, quando clivagens importantes existiam entre marxistas e não marxistas etc.

Será que essa dupla tentativa de unificação culminou em resultados satisfatórios? Sobre esse ponto a maioria dos comentaristas emite avaliações positivas. Assim, Judith Lazar vê na Teoria da Estruturação uma verdadeira síntese teórica que "combina de tal maneira elementos que essa combinação [produz] uma nova fusão, qualitativamente distinta de cada um de seus componentes" [LAZAR, 1992, p. 416]. E, em sua introdução crítica à Teoria da Modernidade, Sue Penna, Martin O'Brien e Colin Hay sublinham a qual ponto Giddens pôde inscrever seus aportes nos debates que atravessam a história das ciências humanas, o que constitui aos olhos deles um "feito extraordinário" [PENNA et al., 1990, p. 5].

Outra maneira de avaliar se a tentativa de Giddens resultou em sucesso consiste em retomar uma distinção proposta por Mário Bunge [2001]. Esse filósofo das ciências estima que duas estratégias podem ser adotadas para perseguir o ideal de unificação dos saberes em ciências humanas. A primeira é a *redução,* que subordina uma corrente de pesquisa ou uma disciplina a outra; essa estratégia, segundo nosso autor, geralmente é pouco fértil. A segunda é a *integração,* que respeita melhor as múltiplas facetas que os fenômenos sociais comportam. Ora, precisamos sublinhar que, entre os comentaristas da obra de Giddens que pudemos ler, não encontramos essa reprovação reducionista. À exceção de uma, à qual presentemente urge retornar.

Em sua análise crítica da obra de Giddens, Ian Craib expõe de cara as dificuldades que experimenta diante das sínteses, da forma como Giddens as realiza (um dos capítulos de sua obra é intitulado: "The trouble with syntheses"). Segundo ele, elas apresentam dois inconvenientes maiores.

Em primeiríssimo lugar, elas têm por contrapartida, junto a Giddens, a rejeição total de determinadas perspectivas de análise: por exemplo, o funcionalismo ou o evolucionismo. Segundo Craib, essa rejeição é empobrecedora. De fato, toda perspectiva de análise comporta um olhar particular sobre a realidade, um olhar que revela alguns aspectos que não são levados em conta em outras perspectivas. Craib, por exemplo, mostra que o funcionalismo permite apreender de maneira interessante alguns aspectos da realidade social que, por sua vez, fogem ao quadro analítico de Giddens [CRAIB, 1992, p. 124-125].

Além do mais, essas sínteses não integram o conjunto das teorias das outras ciências humanas com as quais Giddens se confronta: elas deixam de lado alguns de seus aspectos e transformam fundamentalmente outros. Craib mostra assim que Giddens "sociologiza" algumas hipóteses emprestadas da psicanálise [CRAIB, 1992, p. 141-144]. Aqui reside, pois, a acusação de reducionismo.

Através dessas críticas Craib não valoriza o critério da integração dos saberes da mesma maneira que os outros comentaristas da obra, ou da mesma forma que os filósofos das ciências citados mais acima. Ele estima que a busca de unificação deveria poder combinar-se com formas ecléticas. Ele se reporta aqui, em parte, ao filósofo das ciências Paul Feyerabend, que reivindica uma concepção "anarquista" do método, e que critica o princípio de compatibilidade dos saberes [FEYERABEND, 1975]. Ele apoia igualmente sua argumentação sobre a ideia de que a experiência social contemporânea é muito complexa e muito fragmentada para poder ser apreendida através de uma única teoria [CRAIB, 1992, p. 116-118, 175, 182].

As posições de Giddens

O que domina, nesse exame do debate crítico sobre a obra de Giddens, é a amplidão e a diversidade das reprovações que lhes são endereçadas. Isso, sem dúvida, em parte vincula-se à ambição dos objetivos perseguidos por Giddens, que torna sua obra particularmente vulnerável à crítica. Isso igualmente procede do fato que os comentaristas (e/ou os filósofos das ciências) adotam pontos de vista diferentes, às vezes até mesmo contraditórios. Acabamos de mostrá-lo com a questão da unificação dos saberes; mais acima também o evocamos ao indicar que alguns comentaristas e/ou filósofos das ciências exigem proposições gerais, ao passo que os outros defendem enunciados mais contingentes etc. Portanto, não é raro que a obra de Giddens seja assim objeto de reprovações contraditarias.

O fato que Giddens se engaje ele mesmo no debate nos permite conhecer melhor os pontos de vista (e as críticas precisas) com as quais ele está de acordo, e com aqueles (aquelas) que ele rejeita. Dessa forma, ele afasta o ponto de vista dos que gostariam que toda teorização fosse destinada a explicar, a compreender os fenômenos sociais em suas dimensões empíricas; a teoria social deve também permitir esclarecer debates filosóficos. Ele afasta também parcialmente a exigência, avançada por alguns, de produzir enunciados universais. Ele recusa igualmente, embora não citando aqui Popper, o critério de refutabilidade. As bases empíricas sobre as quais podemos apoiar-nos para corroborar ou refutar as teorias são, de seu ponto de vista, fundamentalmente frágeis. Isso tem a ver com a dupla hermenêutica que caracteriza as ciências sociais (cf. cap. I): as pesquisas não permanecem afastadas das representações e das práticas dos atores sociais; elas as transformam permanentemente e, desse fato, mudam continuamente as bases empíricas às quais os pesquisadores poderiam recorrer para corroborar ou refutar os enunciados científicos [*CS*, p. 43].

Conclusão

Giddens levanta desafios enormes: redefinir os fundamentos da sociologia, dominar as características da Modernidade, apreender os contornos da identidade do indivíduo contemporâneo. Ele leva a bom termo seus projetos ultrapassando as clivagens disciplinares, garimpando os trabalhos históricos, antropológicos, psicanalíticos, geográficos etc., o que é indispensável à compreensão de seu projeto. Desse ponto de vista, encontramos em Giddens a amplitude das visões e a abertura interdisciplinar que caracterizam os trabalhos de vários dos "pais fundadores" da sociologia, particularmente Marx, Weber e Durkheim.

Sua Teoria da Estruturação constitui, a nosso ver, seu aporte maior. Ali ele propõe uma concepção original da sociologia que se enraíza na história da disciplina e que articula de maneira feliz os atores e as instituições, a microssociologia e a macrossociologia, a sincronia e a diacronia. Lamenta-se que esses aportes sejam tão densos – às vezes confusos. Desejaríamos igualmente que o autor tivesse estabelecido um vínculo maior com as pesquisas empíricas contemporâneas: que ele ilustrasse suas proposições teóricas por pesquisas concretas; que ele criticasse outras a partir dessas mesmas proposições, mostrando mais precisamente os benefícios que o sociólogo pode tirar com a implementação dos princípios da Teoria da Estruturação.

O que poderíamos reter de suas teorias de alcance mais empírico? Sublinharíamos a riqueza de sua análise da Modernidade, que a religa a quatro instituições, uma dentre elas – o poderio militar – constituindo um aporte de grande originalidade, ao passo que as três primeiras – o capitalismo, o industrialismo e a vigilância – vinculam-se aos autores mais clássicos ou mais contemporâneos, quais sejam: Marx, Durkheim e Foucault. Desse ponto de vista, vemos todo o benefício que Giddens tira de seu aprofundamento do pensamento de Marx, sendo um dos primeiros a reintegrá-lo na herança global da sociologia, ultrapassando a clivagem entre marxistas e não marxistas, predominante na época. Reteríamos igualmente a perspicácia de suas análises das mudanças que atingem as instituições e as identidades contemporâneas; sublinharíamos particularmente o interesse de suas análises da relação com o corpo do indivíduo contemporâneo, de suas relações íntimas etc. Esses objetos, geralmente vistos como estando nos limites fronteiriços da disciplina, tornam-se com Giddens objetos sociológicos de pleno direito.

Essas análises da Modernidade e da identidade contemporâneas teriam sido muito mais estimulantes ainda se Giddens tivesse aprofundado mais o trabalho definido no quadro da Teoria da Estruturação: se ele tivesse podido integrar melhor a dimensão de reflexividade e de poder dos atores no quadro de sua análise das instituições da Modernidade; se ele tivesse podido levar mais em conta os efeitos coercitivos das instituições quando ele se debruça sobre os comportamentos dos indivíduos contemporâneos.

Enfim, isso nos permitiria apreciar melhor a dimensão epistemológica da obra de Giddens: sua preocupação constante em clarificar as escolhas que estão na base de suas análises, bem como sua disponibilidade para debatê-las com os críticos. Com as outras qualidades da obra que acabamos de mencionar, esta faz de Giddens um autor maior da sociologia contemporânea.

Referências

Obras e artigos de Anthony Giddens*

[*CMST*] *Capitalism and Modern Social Theory*. Cambridge: Cambridge University Press, 1971a.

The Sociology of the Suicide. Londres: Cassier, 1971b [Dir. de A. Giddens].

Politics and Sociology in the Thought of Max Weber. Londres: Macmillan, 1972a.

Émile Durkheim – Selected Writings. Cambridge: Cambridge University Press, 1972b [Dir. de A. Giddens].

[*CSAS*] *The Class Structure of the Advanced Societies*. Londres/Nova York: Hutchinson, 1973.

Elites and Power in the British Society. Cambridge: Cambridge University Press, 1974a [Dir. de A. Giddens e P. Stanworth].

Positivism and Sociology. Londres: Heineman, 1974b.

* Os textos que são objeto de várias citações na presente obra são precedidos pelas iniciais do título.

[*NRSM*] *New Rules of Sociological Method*. Londres: Hutchinson, 1976.

[*SSPT*] *Studies in Social and Political Theory*. Londres: Hutchinson, 1977.

Durkheim – Modem Masters. Londres: Fontana, 1978.

[*CPST*] *Central Problems in Social Theory*. Londres: Macmillan, 1979.

[*CCHM*] *A Contemporary Critique of Historical Materialism*. Londres: Macmillan, 1981.

[*SBCI*] *Sociology* – A Brief but Critical Introduction. Londres: Macmillan, 1982a.

[*PCST*] *Profiles and Critiques in Social Theory*. Londres: Macmillan, 1982b.

Classes, Power and Conflict – Classical and Contemporary Debates. Londres: Macmillan, 1982c [Dir. de A. Giddens e D. Held].

Social Class and the Division of Labor: Essays in Honor of Ilya Neustadt. Cambridge: Cambridge University Press, 1982d [Dir. de A. Giddens e G. Mackenzie].

[*CS*] *The Constitution of Society* – Outline of the Theory of Structuration. Cambridge/Oxford: Polity Press/Basil Blackwell, 1984 [Trad. francesa de M. Audet: *La constitution de la société* – Éléments de la théorie de la structuration. Paris: PUF, 2005 [Quadrige].

[*NSV*] *The Nation-State and Violence*. Cambridge: Polity Press, 1985.

Durkheim on Politics and the State. Cambridge: Polity Press, 1986 [Dir. de A. Giddens].

[*STMS*] *Social Theory and Modern Sociology*. Cambridge: Polity Press, 1987a.

Social Theory Today. Cambridge: Polity Press, 1987b [Dir. De A. Giddens e J. Turner].

[*S*] *Sociology*. Cambridge: Polity Press, 1989a.

"A reply to my critics". In: HELD, D. & THOMPSON, J.B. (dir.). *Social Theory and Modern Societies* – Anthony Giddens and his Critics. Cambridge: Cambridge University Press, 1989b, p. 249-301.

[*CM*] *The Consequencies of Modernity*. Cambridge/Oxford/Standford: Polity Press/Basil Blackwell/Standford University Press, 1990a [Trad. francesa de O. Meier: *Les Conséquences de la modernité*. Paris: L'Harmattan, 1994 [Théorie Sociale Contemporaine].

"Structuration theory and sociological analysis". In: CLARK, J.; MODGIL, C. & MODGIL, S. (dir.). *Consensus and controversy*: Anthony Giddens. Londres: The Falmer Press, 1990b, p. 297-315.

[*MSJ*] *Modernity and Self-Identity*. Cambridge: Polity Press, 1991a.

"Structuration theory: past, present and future". In: BRYANT, C.G.A. & JARY, D. (dir.). *Gidden's Theory of Structuration*: a Critical Appreciation. Routledge, 1991b, p. 201-221.

Human Societies. Cambridge: Polity Press, 1992a [Dir. de A. Giddens].

[*TI*] The Transformation of Intimacy – Sexuality, Love and Eroticism in Modern Societies. Cambridge/Oxford: Polity Press/Basil Blackwell, 1992b [Trad. francesa de J. Mouchard: *La Transformation de l'intimité* – Sexualité, amour et érotisme dans les sociétés modernes. Rodez: Le Rouergue/Chambon, 2004].

“Une théorie critique de la modernité avancée”. In: AUDET, M. & BOUCHIKHI, H. (dir.). *Structuration du social et modernité avancée* – Autour des travaux d’Anthony Giddens. Sainte-Foy: Les Presses de l’Université Laval, 1993a, p. 29-53.

“Identité de soi, transformation de l’intimité et démocratisation de la vie”. In: AUDET, M. & BOUCHIKHI, H. (dir.). *Structuration du social et modernité avancée* – Autour des travaux d’Anthony Giddens. Sainte-Foy: Les Presses de l’Université Laval, 1993b, p. 455-476.

The Giddens Reader. Stanford: Stanford University Press, 1993c. [Dir. de A. Giddens e P. Cassel].

[*BLR*] *Beyond Left and Right* – The Future of Radical Politics. Cambridge: Polity Press, 1994a.

Microsociology: Discourse, Emotion and Social Structure. Chicago: University of Chicago Press, 1994b [Dir. de A. Giddens e T.S. Scheff].

“Living in a post-traditional Society”. In: BECK, U.; GIDDENS, A. & LASH, S. (dir.). *Reflexive Modernization*: Politics, Tradition and Aesthetics in the Modern Social Order. Cambridge: Polity Press, 1994c/2000, p. 56-109.

[*PSST*] *Politics, Sociology and Social Theory* – Encounters with Classical and Contemporary Social Thought. Cambridge: Polity Press, 1995.

[*DS*] *In Defence of Sociology* – Essays, Interpretations and Rejoinders. Cambridge: Polity Press, 1996.

[*TW*] *The Third Way* – The Renewal of Social Democracy. Cambridge: Polity Press/Blackwell Publishers, 1998a [Trad. francesa de L. Bouvet, É. Colombani e F. Michel:

La troisième voie – Le renouveau de la social-démocratie. Paris: Seuil, 2002 [Pref. de J. Delors] [La Couleur des Idées]].

[*CAG*] *Conversations with Anthony Giddens* – Making sense of Modernity. Cambridge: Polity Press, 1998b [Dir. de A. Giddens e C. Pierson].

"An interview with Anthony Giddens". In: O'BRIEN, M.; PENNA, S. & HAY, C. (dir.). *Theorizing Modernity*: Reflexivity, Environment and Identity in Giddens' Social Theory. Nova York: Longman, 1999, p. 196-206.

[*TWC*] *The Third Way and its Critics*. Cambridge: Polity Press/Blackwell Publishers, 2000a [Trad. francesa de L. Bouvet, É. Colombani e F. Michel: *La troisième voie* – Le renouveau de la social-démocratie. Paris: Seuil, 2002 [Pref. de A. Giddens e T. Blair] [La Couleur des Idées]].

On the Edge. Londres: Jonathan Cape, 2000b [Dir. de A. Giddens e W. Hutton].

The Politics of the New Center. Cambridge: Polity Press, 2000 [Dir. de A. Giddens, B. Hombach e M. Leonard].

[*GTWD*] *The Global Third Way Debate*. Oxford: Blackwell, 2001a.

Sociology – Introductory readings. Cambridge: Blackwell/Polity Press, 2001b [Dir. de A. Giddens].

Where Now for the New Labour. Cambridge: Polity Press, 2002.

[*RW*] *Runaway World*: How Globalisation is Reshaping our Lives. Nova York: Routledge, 2003.

Progressive Manifesto: New Ideas for the Center-Left. Cambridge: Polity Press, 2004.

Introduction to Sociology. Nova York: Norton, 2005a. [Dir. de A. Giddens, M. Duneier e R.P. Appelbaum.

The New Egalitarianism. Cambridge: Polity Press, 2005b [Dir. de A. Giddens e P. Diamond].

Obras e artigos de outros autores*

AGAZZI, E. & FAYE, J. (dir.). *The Problem of the Unity of Science*. Nova Jersey/Londres/Singapura/Hong-Kong: World Scientific, 2001.

AMBLARD M. (dir.). *Conventions et management*. Bruxelas: De Boeck Université, 2003 [Management].

* ANTHIAS, F. "Theorising identity, difference and social divisions". In: O'BRIEN, M.; PENNA, S. & HAY, C. (dir.). *Theorizing Modernity*: Reflexivity, Environment and Identity in Giddens' Social Theory. Nova York: Longman, 1999, p. 156-178.

AUBERT, N. *Le culte de l'urgence* – La société malade du temps. Paris: Flammarion, 2003.

AUBERT, N. & GAULEJAC, V. *Le cout de l'excellence*. Paris: Seuil, 1991.

* AUDET, M. & BOUCHIKHI, H. (dir.). *Structuration du social et modernité avancée* – Autour des travaux d'Anthony Giddens. SainteFoy: Les Presses de l'Université Laval, 1993.

BATIFOULIER, P. (dir.). *Théorie des conventions*. Paris: Economica, 2001 [Forum].

* Os textos que concernem diretamente a Giddens são precedidos de asterisco.

BECK, U. *Risikogesellschaft*. Frankfurt: Suhrkamp, 1986 [Trad. francesa: *La société du risque* – Sur la voie d'une autre modernité. Paris: Aubier, 2002 [Alto]].

BELL, D. *The Coming of Post-Industrial Society*. Harper Colophon Books, New York, 1974 [Trad. francesa: *Vers la société postindustrielle*. Paris: Laffont, 1976].

* BENTON, T. "Radical politics – Neither left nor right". In: O'BRIEN, M.; PENNA, S. & HAY, C. (dir.). *Theorizing Modernity*: Reflexivity, Environment and Identity in Giddens' Social Theory. Nova York: Longman, 1999, p. 39-64.

BETTELHEIM, B. *The Informed Heart*. Nova York: Free Press, 1960 [Trad. francesa: *Le coeur conscient*. Paris: Laffont, 1972].

BOYER, A. "Simplicité". In: JACOB A. (dir.). *Encyclopédie Philosophique Universelle* – II: Les notions philosophiques. Dictionnaire. Paris: PUF, 1990, p. 2.390 [Vol. dirigido por S. Auroux].

* BREUILLY, J. "The Nation-State and Violence a critique of Giddens". In: CLARK, J.; MODGIL, C. & MODGIL, S. (dir.). *Consensus and Controversy*: Anthony Giddens. Londres: The Falmer Press, 1990, p. 271-288.

* BRYANT, C.G.A. & JARY, D. (dir.). *Gidden's Theory of Structuration*: A Critical Appreciation. Londres: Routledge, 1991.

BUNGE, M. "Two unification strategies in social science: reduction and integration". In: AGAZZI, E. & FAYE, J. (dir.). *The Problem of the Unity of Science*. Nova Jersey/Londres/Singapura/Hong-Kong: World Scientific, 2001, p. 141-152.

CASTEL, R. *Les métamorphoses de la question sociale* – Une chronique du salariat. Paris: Fayard, 1995.

* CLARK J. "Anthony Giddens, sociology and modern social theory". In: CLARK, J.; MODGIL, C. & MODGIL, S. (dir.). *Consensus and Controversy*: Anthony Giddens. Londres: The Falmer Press, 1990, p. 21-27.

* CLARK, J.; MODGIL, C. & MODGIL, S. (dir.). *Consensus and Controversy*: Anthony Giddens. Londres: The Falmer Press, 1990.

CORBEAU, J.-P. "Pour une représentation sociologique du mangeur". *Économies et Sociétés*, vol. 23, n. 2, 1997, p. 147-162.

* CRAIB, I. *Anthony Giddens*. Londres/Nova York: Routledge, 1992.

CROZIER, M. & FRIEDBERG, E. *L'Acteur et le système* – Les contraintes de l'action collective. Paris: Seuil, 1977 [Sociologie Politique] [Reed., Paris: Seuil, 2000 [Points Essais]].

DURKHEIM, É. *Les regles de la méthode sociologique*. Paris: Félix Alcan, 1895 [Reed., Paris: PUF, 1967].

______. *De la division du travail social*. Paris: Félix Alcan, 1893 [Reed., Paris: PUF, 2004].

FEYERABEND, P. *Against Method*. Londres: New Left Books, 1975 [Trad. francesa: *Contre la method* – Esquisse d'une théorie anarchiste de la connaissance. Paris: Seuil, 1979].

GOODMAN, N. "Safety, strength, simplicity". In: NIDDITCH, P.H. (dir.). *The Philosophy of Science*. Londres: Oxford University Press, 1968, p. 121-123 [Oxford Readings in Philosophy].

* GREGORY, O. "'Grand maps of History": structuration theory and social change". In: CLARK, J.; MODGIL, C. & MODGIL, S. (dir.). *Consensus and Controversy*: Anthony Giddens. Londres: The Falmer Press, 1990a, p. 217-233.

* ______. "Balancing the wheels: Gregory replies to Sayer". In: CLARK, J.; MODGIL, C. & MODGIL, S. (dir.). *Consensus and Controversy*: Anthony Giddens. Londres: The Falmer Press, 1990b, p. 251-253.

* GREGSON, N. "On the (ir)relevance of structuration theory to empirical research". In: HELD, D. & THOMPSON, J.B. (dir.). *Social Theory and Modern Societies* – Anthony Giddens and his Critics. Cambridge: Cambridge University Press, 1989, p. 235-248.

GRIGNON, C. & GRIGNON, C. "Styles d'alimentation et goûts populaires". *Revue Française de Sociologie*, vol. XXI, n. 4, 1980, p. 531-569.

GUSDORF, G. "Sciences humaines". *Encyclopaedia Universalis*. Vol. 14. Paris, 1968, p. 767-772.

HARTOG, F. *Régimes d'historicité* – Présentisme et expérience du temps. Paris: Seuil, 2003 [La Librairie du XXIe siècle].

* HELD, O. & THOMPSON, J.B. (dir.). *Social Theory and Modern Societies* – Anthony Giddens and his Critics. Cambridge: Cambridge University Press, 1989.

HERMAN, J. "Cohérence". In: JACOB, A. (dir.). *Encyclopédie Philosophique Universelle* – II: Les notions philosophiques. Paris: PUF, 1990, p. 349 [Vol. dirigido por S. Auroux].

JACOB, A. (dir.). *Encyclopédie Philosophique Universelle* – II: Les notions philosophiques. Paris: PUF, 1990 [Vol. dirigido por S. Auroux].

JARDEL, J.-P. & LORIDON, C. *Les rites dans l'entreprise* – Une nouvelle approche du temps. Paris: Éditions d'Organisation/Les Échos Éditions, 2000.

* KASPERSEN, L.B. *Anthony Giddens*: Introduktion til en Samfundsteoretiker. Copenhagen: Hans Reitzels Forlag 1995 [Trad. inglesa: *Anthony Giddens* – An Introduction to a Social Theorist. Oxford: Blackwell Publishers, 2000].

KAUFMANN, J.-C. *Agacements* – Les petites guerres du couple. Paris: Armand Colin, 2007.

LAÏDI, Z. "Le temps de l'urgence". In: BOULIN, J.-Y.; DOMMERGUES, P. & GODARD, F. (dir.). *La nouvelle aire du temps*. La Tour-d'Aigues: Éditions de l'Aube, 2002, p. 51-58 [Bibliothèque des Territoires].

* LAZAR, J. "La compétence des acteurs dans la 'théorie de la structuration' de Giddens". *Cahiers Internationaux de Sociologie*, vol. XCIII, 1992, p. 399-416.

LEWIS, D.K. *Convention* – A Philosophical Study. Cambridge: Harvard University Press, 1969.

LYOTARD, J.-F. *La condition postmoderne* – Rapport sur le savoir. Paris: Minuit, 1983.

* MAHEU, L. "Postmodernité et mouvements sociaux – Une lecture critique de la position d'Anthony Giddens". In: AUDET, M. & BOUCHIKHI, H. (dir.). *Structuration du social et modernité avancée* – Autour des travaux d'Anthony Giddens. Sainte-Foy: Les Presses de l'Université Laval, 1993, p. 93-128.

MARTUCELLI, D. *Dominations ordinaries*. Paris: Balland, 2001 [Voix et Regard].

MARX, K. *Ad Feuerbach*, 1845 [primeira publicação como apêndice de ENGELS, F. "Ludwig Feuerbach und der Ausgang der klassischen deutschen Philosophie". *Die Neue Zeit*, n. 4-5, 1986 [Trad. francesa: *Thèses sur Feuerbach* – Oeuvres III: Philosophie. Paris: Gallimard, 1982 [NRF]].

______. *Der Achtzehnste Brumaire des Louis Bonaparte* [publicado no segundo número de *Die Revolution*, de J. Weidemeier]. Nova York, 1852 [Trad. francesa: *Le Dix-Huit Brumaire de Louis Bonaparte*. Paris: Messidor/Éditions Sociales, 1984].

MEAD, G.H. *Mind, Self and Society from the Standpoint of a Social Behaviorist*. Chicago: University of Chicago Press, 1934 [Trad. francesa: *L'Esprit, le soi et la société*. Paris: PUF, 2006].

* MESTROVIC, S.G. *Anthony Giddens* – The Last Modernist. Londres/Nova York: Routledge, 1998/2004.

* MOUZELIS, N. "Exploring posttraditional orders: individual reflexivity, "pure relations" and duality of structure". In: O'BRIEN, M.; PENNA, S. & HAY, C. (dir.). *Theorizing Modernity*: Reflexivity, Environment and Identity in Giddens' Social Theory. Nova York: Longman, 1999, p. 83-97.

NADEAU, R. "La nature des theories scientifiques". In: JACOB, A. (dir.). *Encyclopédie Philosophique Universelle* – I: L'Univers Philosophique. Paris: PUF, 1989, p. 557-566 [Vol. dirigido por A. Jacob].

NIZET, J. & BOURGEOIS, E. *Les mutations des formations d'adultes*. Paris: PUF, 2005 [Éducation et Formation].

* O'BRIEN, M.; PENNA, S. & HAY, C. (dir.). *Theorizing Modernity*: Reflexivity, Environment and Identity in Giddens' Social Theory. Nova York: Longman, 1999.

* PENNA, S.; O'BRIEN, M. & HAY, C. "Introduction". In: O'BRIEN, M.; PENNA, S. & HAY, C. (dir.). *Theorizing Modernity*: Reflexivity, Environment and Identity in Giddens' Social Theory. Nova York: Longman, 1999, p. 1-16.

PIAGET J. (dir.). *Logique et connaissance scientifique*. Paris: Gallimard, 1967 [Encyclopédie de La Pléiade/NRF].

* POGGI, G. "Anthony Giddens and 'the Classics'". In: CLARK, J.; MODGIL, C. & MODGIL, S. (dir.). *Consensus and Controversy*: Anthony Giddens. Londres: The Falmer Press, 1990, p. 11-19.

POPPER, K.R. *Logik der Forshung*. Viena: Julius Springer, 1935 [Trad. francesa: *La logique de la découverte scientifique*. Paris: Payot, 1973 [Bibliotheque Scientifique]].

POULAIN, J.-P. *Sociologies de l'alimentation*. Paris: PUF, 2002/2005 [Quadrige Essais Débats].

* PRED, A. "Content and bodies in flux: some comments on space and time in the wrintings of Anthony Giddens". In: CLARK, J.; MODGIL, C. & MODGIL, S. (dir.). *Consensus and Controversy*: Anthony Giddens. Londres: The Falmer Press, 1990, p. 117-129.

RÉGNIER, F.; LHUISSIER, A. & GOJARD, S. *Sociologie de l'alimentation*. Paris: La Découverte, 2006 [Repères].

* ROSE, N. "Inventiveness in politics". *Economy and Society*, vol. 28, 1999, p. 467-493.

* RUSTIN, M. "The future of postsocialism". *Radical Philosophy*, vol. 74, 1995, p. 17-27.

SAUSSURE, F. de. *Cours de linguistique générale*. Paris: Payot/Lausanne, 1916 [Reed., Paris: Gallimard, 2002 [Bibliotheque de Philosophie]].

* STINCHCOMBE, A. “Milieu and structure updated: a critique of the theory of structuration”. In: HELD, D. & THOMPSON, J.B. (dir.). *Social Theory and Modern Societies* – Anthony Giddens and his Critics. Cambridge: Cambridge University Press, 1989, p. 47-56.

VALADE, B. “De l’explication dans les sciences sociales: holisme et individualisme”. In: BERTHELOT, J.-M. *Épistémologie des sciences socials*. Paris: PUF, 2001, p. 357-405 [Premier Cycle].

* WACQUANT, L.J.D. “Au chevet de la modernité: le diagnostic du docteur Giddens”. *Cahiers Internationaux de Sociologie*, vol. XCIII, 1992, p. 389-397.

* WRIGHT, E.O. “Models of historical trajectory: an assessment of Giddens’s critique of Marxism. In: HELD, D. & THOMPSON, J.B. (dir.). *Social Theory and Modern Societies* – Anthony Giddens and his Critics. Cambridge: Cambridge University Press, 1989, p. 77-102.

Índice analítico

Índice geral

EDITORA VOZES LTDA.
Rua Frei Luís, 100 – Centro – Cep 25689-900 – Petrópolis, RJ
Tel.: (24) 2233-9000 – Fax: (24) 2231-4676 – E-mail: vendas@vozes.com.br

UNIDADES NO BRASIL: Belo Horizonte, MG – Brasília, DF – Campinas, SP – Cuiabá, MT
Curitiba, PR – Florianópolis, SC – Fortaleza, CE – Goiânia, GO – Juiz de Fora, MG
Manaus, AM – Petrópolis, RJ – Porto Alegre, RS – Recife, PE – Rio de Janeiro, RJ
Salvador, BA – São Paulo, SP